佐藤真の不在との対話

見えない世界を撮ろうとした
ドキュメンタリー映画作家のこと

里山社 編

はじめに

九〇年代から〇〇年代にかけて、『阿賀に生きる』『まひるのほし』『SELF AND OTHRES』『花子』『阿賀の記憶』『エドワード・サイード OUT OF PLACE』などの優れたドキュメンタリー映画を生み出した佐藤真。事件や悲劇ではなく日常を。出来事が起きた後や、人物が居なくなった後の不在を撮る。それは、六〇〜七〇年代の〝政治の季節〟を過ぎた日本で、目には見えないものを撮ることで社会の闇をあぶり出すべく辿りついた方法論だった。執筆活動も旺盛で、ドキュメンタリー映画を起点としながら哲学的思考を促す著作は、映画関係者のみならず幅広いファンを獲得した。しかし二〇〇七年、四九歳で佐藤真は急逝する。その喪失は大きかった。

二〇一六年三月、佐藤の仕事を振り返った書籍『日常と不在を見つめて ドキュメンタリー映画作家 佐藤真の哲学』（里山社）の刊行に端を発し、佐藤の教え子や関係の深かった人々が再会して、東京、アテネ・フランセ文化センターでリバイバル上映を企画、開催した。上映会は当初の予想を超える大盛況となり、その後、神戸、富山、京都、福岡、横浜、福島、新潟、山形へ、各地の主催者の手によって、リバイバル上映としては稀に見る個性あふれるトーク企画を盛り込んだ連続特集上映へと発展していった。本書は主に、この中のトークから抜粋し、再構成したものである。読者に佐藤真の主な映画作品に触れてもらえるよう、またできる限り各館の企画を盛り込めるようトークを収録した。だが紙数の都合により残念ながら収録できなかったトークは多数ある。この場を借りて、再録の許可をいただいた登壇者の方々、関係者の方々に、深く御礼申し上げる。

世界は混迷を極め、佐藤が映画を撮った時代よりもずっと、即効性のある言葉や表現が求められる場面が増えた。それは喫緊の課題が多い時代の必然でもある。だが一方で、積み残す課題や一面的には語れない事柄が増えていることも事実である。

佐藤の不在がいかにその存在を濃くし、佐藤の不在に向き合い、その映画と方法論に触れることがいかに示唆を与えるものであるか──。本書は、佐藤真が遺したものを辿りながら、見るとは、伝えるとは、普遍とは何かを深く思考し、現代を生きていこうとする人びとによる対話集である。

編者

目次

日常を見つめる

家庭の中へ／表現とは何か

不在を撮る

導く人、佐藤真

佐藤真（さとう・まこと）

一九五七年、青森県生まれ。東京大学文学部哲学科卒業。大学在学中より水俣病被害者の支援活動に関わる。一九八一年、『無辜なる海』（監督：香取直孝）に助監督として参加。一九八九年から新潟県阿賀野川流域の民家に住みこみながら撮影を始め、一九九二年、『阿賀に生きる』を完成。ニヨン国際ドキュメンタリー映画祭銀賞など、国内外で高い評価を受ける。以降、映画監督として数々の作品を発表。他に映画やテレビ作品の編集・構成、映画論の執筆など多方面に活躍。著書に『日常という名の鏡』『映画の始まるところ』『まどろみのロンドン』（以上凱風社）『ドキュメンタリーの修辞学』（みすず書房）。京都造形芸術大学教授、映画美学校主任講師として後進の指導にも尽力。二〇〇七年九月四日逝去。享年四九。

日常を見つめる

小森はるか
佐藤真監督の葛藤に救われた

東日本大震災の翌年、津波の被害に遭った陸前高田の傍に移り住み、『息の跡』『空に聞く』などのドキュメンタリー映画作品を発表してきた小森はるか監督。八九年生まれながら、九二年に公開された『阿賀に生きる』が、もっとも影響を受け、人生でいちばん観返した映画だという。会場からのQ&Aも交えながら、本作の魅力を語る。

（聞き手：清田麻衣子）

悩むだけ悩んでいいんだと背中を押された

——初めてこの映画を観る方も多いということで、まずは映画の概要の解説を、と承りました。一九九二年制作の作品で、佐藤真監督のデビュー作になります。二〇一五年に『風の波紋』を撮った、映画監督の小林茂さんがカメラマンをされています。ほとんど映画の素人だった佐藤さんら七人の若者が、三年間阿賀野川の近くに移り住み、被写体となった人々の生活に寄り添い、時には農作業を手伝ったりもしながら撮影した作品です。佐藤さんは一九五七年生まれで、小川紳介監督や土本典昭監督など一九六〇、七〇年代のドキュメンタリー映画の巨匠に憧れを抱き、『阿賀に生きる』を撮る前は、熊本の水俣で撮影した『無辜なる海』という映画の手伝いをして、二〇代を過ごしていました。しかし一九八〇年代当時、日本はバブル期で、顕在化した社会問題を糾弾する〝政治の季節〟から遠く離れた時期でした。自分を〝遅れて来た青年〟と感じていたと佐藤さんは著書『日常という名の鏡』（凱風社）などで書かれています。そうやって自分の方法論を模索していた三〇歳前の佐藤監督が、悶々とした気持ちを抱えて『無辜なる海』の上映活動で訪れたのが、新潟の阿賀野川流域の地域でした。

一方阿賀では、新潟水俣病の未認定患者が多い安田町(現・阿賀野市)という地域で、映画にも登場する旗野秀人さんが患者さんたちの裁判活動などをお手伝いしていました。旗野さんは旗野さんで、一九六五年に初めて新潟水俣病の患者さんが発見されてかなりの時間が経過した後、被害が見えづらく、なかなか裁判に勝てないという状況に悩んでいました。ただ、旗野さんは次第に、この「宝物のようなじいちゃん、ばあちゃんの魅力をそのまま伝えたい」と思うようになっていました。そこへ、佐藤さんが上映活動でやってきます。旗野さんは「じいちゃんばあちゃんの魅力をそのまま撮ってほしい。水俣病問題の映画にはして欲しくない」と訴えます。その訴えに佐藤さんや、スタッフに加わった小林茂さんらも意気投合して、日常をじっくり撮る、そして、その日常の中にいかに水俣病という問題や、近代の問題が潜んでいるのかを伝えられるような映画を、七人のスタッフみんなで模索しながら撮ったという作品です。

『阿賀に生きる』は一九九二年に公開されましたが、小森さんは八九年生まれで、『阿賀に生きる』の撮影只中に生まれたくらいの年代ですが、最初に観たのはいつ頃だったんでしょうか。

小森　最初は、大学一年生の映像芸術論という授業の中で、『阿賀に生きる』を観せてもらいました。でもその時は、映像芸術の授業でどうしてドキュメンタリー映画を観るんだろう、といったくらいの感覚で。しかも正直に言うと、面白いとは思っていなかったんです。なので、映画のタイトルは覚えていたんですが、その時にすごく刺さったとか、自分の中で思い入れの深い映画になったという出会いではありませんでした。

その後、東日本大震災から一年後の二〇一二年に、大学の同級生でもある瀬尾夏美さんと一緒に、岩手県陸前高田市の隣町の、住田町というところに引っ越しました。そこで暮らしながら陸前高田の人たちを記録したいという思いで住み始めたんです。でもその頃、陸前高田に引っ越したはいいものの、何をどう撮っていいのか、その日常の中に入って行けば行くほどわからなくなっていくという迷いの中にいました。そんなときに、『阿賀に生きる』は七人の若いスタッフたちが、その土地に三年間拠点を置いて制作した映画だということを知って、もう一度見直してみようと、ＤＶＤと『日常という名の鏡』

（凱風社）という佐藤さんの著作を購入して観たのが、自分にとっては『阿賀に生きる』との改めての出会いでした。そのとき「こんなに美しい映画だったっけ」とまず思いました。阿賀の人々の表情だったり、働く姿の動きとか、風景だったり、その全部の美しさが沁みてきたんです。それはたぶん、東日本大震災というものがあった後だったから、自分にとって日常とか人々の生活空間とか、そのなかでの手つきみたいなものを愛おしく思うようになっていったからなのかなと思います。「あ、こんな映画があったんだ」と、ドキュメンタリーっていうものの考え方も含めて初めて出会ったような感覚でした。

そして同時に、「佐藤真さんにお会いしたかったなあ」ということをすごく思いました。「今、いらしたら私はどうにかして会いに行っただろうな」と。本を通して佐藤真さんの制作時の葛藤に自分はすごく救われたので。カメラに映らないものがあって、それとどう向き合えばいいか、悩むだけ悩もうと思えるように後押ししてくれるような映画と本でした。そして、佐藤真さんのお話は聞けないけれど、撮影をされていた小林茂さんと旗野さんにお会いしてみたいと思ったんです。当時、『阿賀に生きる』のニュープリントを制作するためのカンパ集めをされていて、そこに、小林さんと旗野さんの連絡先があったので、メールを送って、会いに行ったのがお会いするきっかけでした。それから小林さんにはずっと映画制作の相談に乗っていただいています。自分にとっては恩師のような存在で、映画作りを教えてくださる大事な方です。そして、阿賀にも通うようになって、旗野さんにはいろんな方面で支えていただいています。

――陸前高田へは、そもそもドキュメンタリー映画を撮ろうという意気込みで行かれたんですか？

小森　もともとドキュメンタリー映画ではなくて、どちらかというとフィクションの勉強をしていたんですが、フィクションも自分にはあまり合わないなと思って、撮り方を模索していた時期でした。陸前高田に来て、「被災地」という場所でカメラは記録する役割としてあるものなんだっていうことに気づいたんです。それが映画になるのかとかいうことはわからないけれど、とにかく「そこにあるものを記録したい」という思いでした。

闇を描きそうなところでひっくり返す

――『阿賀に生きる』は、小森さんにとっての従来のドキュメンタリーのイメージを壊すようなことがあったと思うんですが、小森さんの中で、映像としてどういうところが魅力だと感じますか?
小森　自分の人生でもっとも繰り返し観ている映画なので、その都度発見があり、魅力に気づくんですが、とにかく構成が素晴らしいので「こんな編集だったんだ」と思うことが多いです。阿賀の人々の暮らしが写されていて、その途中のテロップやナレーションで日常と隣り合わせにある新潟水俣病の現実が語られたり、挿入されたりします。普通その裏側が見えた時って、その反転によって闇の方が主題になってしまうというか、闇のほうに映画そのものも引きずられて物語が進んで行きそうなところを、もう一回、阿賀の人たちの「どうしようもなくおかしい」とか、「なぜか美しい」とかいう瞬間にひっくり返されるんです。そのひっくり返しがずっと続いていく。この編集によって、観ている側の意識にも「この人たちは患者さんなんだ」ということばかりが植え付けられずに、毎回驚きとともに映画の中の人たちと出会える。それがすごく魅力です。
——そうですね。闇の部分っていうのはある種、ドキュメンタリーとしては「見せ場」なんじゃないかと素人考えでは思いますが、この映画は絶対そちらにフォーカスし過ぎない。すごく節度のある描き方ですよね。小森さんは、具体的にはどういうシーンが好きですか?
小森　これは聞いた話も混ざっているんですが、小林茂さんに聞いたエピソードで、餅屋の加藤のじいちゃんの餅つきのシーンがすごく印象深いです。小林さんは、あの餅つきのシーンをどうしても撮りたかった。でもスタッフの人たちは「あの餅つきを撮ったって、水俣病の映画にならないじゃないか」って反対したらしいんです。それでも小林さんは「説明がつかないけれども、どうしても撮らなきゃならないんだ」と言って、「旗野さんが見せてくれる人たちとか暮らしぶりっていうものを、ちゃんと撮っていけばいいんだ」とおっしゃって、周りの人たちを説き伏せたそうです。
——加藤さんご夫婦がじゃれ合っているような、ちょっとカメラに向かって漫談を見せているかのようなシーンですね。
小森　そうです。そのシーンの後に、加藤さんのご家族も、いまだに水俣病と認定されていないということがテロップで入るんですが、そのことを伝えたいために餅つきのシーンが映されていたわけじゃない。餅つきは純粋に餅つきとして、自分の中に残るんですよね。水俣病の映画だからって、被害を直接撮らなくてもいいんだと、私の固まった考え方を壊していってくれた小林さんの姿勢にも、私はとても影響を受けました。

――東日本大震災の被害に遭われた『息の跡』のたね屋の佐藤さんも、「被災者」という側面での捉え方ではなく、佐藤さんのすごく個性的な魅力にフォーカスしているのが印象的でした。

小森　いかにもな「被災地」とか「被災者」というふうに撮りたくないっていうのはあったんですが、でもどこかで「こんなシーンは撮らなくてもいいだろう」と思ってしまっている視点が自分のなかにあったんだなということに気づきました。清田さんはいかがでしたか？

――繰り返し観たり、自分自身も成長しないとわかってこないことがこの映画にはすごくたくさんありますよね。昭和電工の元社員のなかで唯一原告側に加わっている江花豊栄さんのご夫婦が、カラオケ大会を開催して、奥様がチョンマゲヅラを被って登場して湧きに湧く演芸のシーンがあります。あのシーンに「（原告なんかに加わって）昭和電工を売るのかって言われた」っていうすごくシビアな江花さんのモノローグが被さることに最近気づいて、そのギャップに驚きました。

小森　そうですね。江花さんの登場の仕方も、雪山で地滑り調査のお仕事をしているところから始まりますよね。お仕事の休憩中に、雪山で煙草を吸っている場面でお話しする。その時、江花さんの背景が語られるんですが、その間にもう一回演芸を入れて、もう一回ナレーションが入る。どうやってそういう構成に行き着いたんだろうと感じます。そのまま江花さんの話に入っていくかと思いきや、もう一回ひっくり返すというのが、すごく面白いです。

――『阿賀に生きる』の完成は九二年ですが、その後阪神・淡路大震災やオウム真理教による事件があって、そして東日本大震災があった。また今はコロナ禍で、日本の状況は目まぐるしく変化していますが、やはり今は今で受け取るものがあるという気がします。イデオロギー的であったり、テーマ主義的であったりすると、世の中が変わっていったときに、やっぱり今とちょっと考えが合わないとか、古びていると感じる部分があると思うんですが、そういうふうには撮られていない。

小森　そうですよね。完成から二〇年経ってニュープリントが作られて、二〇一二年に渋谷のユーロスペースでリバイバル上映があったんですが、その上映の時に私も行きましたし、もっと若い世代も来ていました。震災後に『阿賀に生きる』に共感できる状況があって、もう一度観られて捉え直しがされているようにも思います。そうやっていまだに観続けられている映画だと思います。

――いまは、まったく意見の違う人との対立が深まりがちな気もしています。でも、『阿賀に生きる』はそういうものも超越している。対立の垣根を越えるという意味でもこの映画の笑いの要素はすごく大きな作用をしていますね。さらに最近思ったのは、この映画で、笑いは女の人がリードしていることが多いんですよね。長谷川ミヤエさんもそうだし、江花さんの奥さんも、加藤キソさんも。笑いの爆発はみんな女性がリードしているなっていうのを、改めて感じました。もちろん夫婦の掛け合いであり、現場の雰囲気あってのものではあると思うんですが、女性が添え物じゃないですよね。

小森　たしかにそうですね。初めて気づきました。長谷川さんが鉤釣りのお話をしている時にジャガイモを探しにカメラの前に入ってきたりするところもおかしいですよね。またそこでミヤエさんも鉤流しの話をしはじめたり。男性を支える女性という形ではなくて、女性が記憶していたことが語られる。

地元で繰り返し上映される意味

――また、この映画がは本当に長く多くの人に愛されているんですが、毎年、阿賀野市で上映されているんですよね。

小森　はい。『阿賀に生きる』が完成した翌年から、映画に登場されている方たちがお亡くなりになられます。その方々も含め、未認定患者の方々の追悼集会ということで、阿賀野市の安田公民館で毎年五月四日に追悼集会が開かれます。未だに新潟水俣病のことって、地元では表立って話せることではなく、終わったことにしたいという声もあると思うんです。この映画の発起人の旗野秀人さんは、そこで毎年、『阿賀に生きる』を上映されています。この地域のなかでこの映画を上映し続けるということは、映画がその地域に生き続けていくということで、そういう形の映画の在り方もあるんだということに、私はすごくびっくりしました。また、「追悼集会」という名前ですが、いわゆるしめやかな「追悼」じゃなくて、上映とゲストを招いた講演の後には大宴会があって、毎

長谷川さん夫婦。被写体となった人々はカメラの前で絶妙な掛け合いをみせる（撮影：村井 勇）

年全国から一〇〇人以上の人たちがそこに集まります。新潟水俣病のことを知りたいという人だけではなく、ただ『阿賀に生きる』が好きだという人も来るし、佐藤真さんと繋がりがあるという人も、熊本の水俣病の運動をされている方も、いろんな人たちが全国から混ざり合って、一緒に映画を観て、お酒を飲む。そういうはちゃめちゃな楽しい会で、そういう所にもこの映画の特異性を感じます。旗野さんは、まさにさきほどおっしゃったように、人々を分断する形ではなくて、いろんな考えの人がいるその地域で、新潟水俣病や患者さんたちのことを伝え続けるということを実行されているんだと思います。

――旗野さんは小さな町の中での対立をずっと見てこられたのだと思いますし、どうやったら垣根を越えられるのか、ずっと考えてこられた方だと思います。また、こういった映画の広まり方、伝わり方もなかなかないですよね。映画自体も繰り返し観るのに耐えるというか、観れば観るほど、気付くことが多い作りになっているから、というのもありますね。

小森　そうなんです。繰り返し観る「場」自体もいつも違う。『阿賀に生きる』という映画一本によって、観る人たちの層や地域によっても、全然違う体験が折り重なっていくことを感じます。

Q&A

Q『阿賀に生きる』でいちばん驚いたシーンはどこですか?

小森　毎回変わるんですが、最近驚いたのは、昭和電工の有機水銀が流れていた川の排水溝のところに弁護団が裁判長を案内して視察をしているシーンです。そこで排水溝が映るということは、ある意味、新潟水俣病の象徴的な画ではあると思うんですが、そのあとに、白鳥がバーッと飛び立つシーンに繋がれているんです。阿賀野川の風景が映るのかと思っていたら、白鳥が飛び立つだけなんです。そのショットは、ただ実景を挟むとか、季節の変化を伝えるのとは明らかに違う。そのことにすごく驚きました。

Q　ドキュメンタリーを撮る際の映画全体の構成について教えてください。映画を撮る前に「こういう映画を撮りたい」と決めて撮るのか、それともある程度撮り終えてから、編集室などで構成を考えるのでしょうか。脚本などは存在しますか?

小森　どういうふうに土地とか人を描きたいかっていうのは、最初からあると思います。それは構成とすごく結びついているものだと思うんですが、とはいえ書き込まれた構成ではなくて、どういう場面を切り取っていくかといった感覚は、『阿賀に生きる』には通底しているものがあったんじゃないかなと思います。実際に仕上げていく段階で、撮影でいろいろ撮った素材を組み替えていく。実際にどう繋いでいくかとか、そういうことはもちろんあると思うんですが、大きな意味での構成というか全体像が揺らいでいないのが、この映画のすごいところだと思います。私自身は、最初から構成を考えられないので、人に出会って、その人を追いかけていって、あとから映画ができていく感じです。

Q　小森さんはカメラを回すことに緊張したり、怖いと思ったりすることはありますか?

小森　常にそうです。慣れた時がいちばん怖いかもしれないです。撮影している時間が馴染んできて、それが当たり前になってきた時に、「それでいいのか」と怖くなる瞬間があります。

Q『阿賀に生きる』というタイトルがすごく良いなと思いました。「阿賀で生きる」じゃない。どうしてこのタイトルをつけたんだと思われますか?

小森　ツツガムシのお地蔵さんの前で念仏を唱えているシーンに、「それでも阿賀に生きてきた」というナレーションが入ることについ先日気づきました。「それで『阿賀に』なんだ」と私も思ったんですよね。「ツツガムシ病もあったけれども、阿賀に人々は生きてきた」っていう言葉とタイトルがその時、結びつきました。

Q『阿賀に生きる』は、作り手と被写体の良い関係性を感じました。小森さんの映画を拝見した時にも同じことを感じました。撮られる側としては、長期間密着されるということ、カメラを向けられることは、必ずしも心地の良いものではないと想像しますが、作り手と被写体の良い関係性はどのように形成されると思いますか?

小森　ありがとうございます。難しい質問ですね。そういうふうに観てもらえていることが、すごくありがたいことだなと思います。でも良い関係性ってなんでしょうね。私は映画の作り方を教えられるのはいつも、撮らせていただいている相手からだなと感じることが多いんです。こういうふうに撮りたいとか、この瞬間を撮りたいとか、そう思ってカメラを持って一緒に居させてもらうんですが、考え方を覆されるというか、むしろ全然違う形で映画の作り方を導いてくれるのが被写体の方たちです。ただ引きずられ過ぎても形になっていかなかったり、表現になっていかないとは思うんですが、その人たちに身を預けられるかどうかっていうことが、自分にとっては大事なことで、『阿賀に生きる』を観ていてもそういうふうに思います。

（二〇二一年二月四日「現代アートハウス入門　ネオクラシックをめぐる七夜」オンライントークより）

小森はるか（こもり・はるか）　一九八九年静岡県生まれ。東京芸術大学大学院美術学部先端芸術表現科修了。映画美学校修了。東日本大震災後、瀬尾夏美（画家・作家）とアートユニットとして活動開始。二〇一二年、岩手県陸前高田に移住し、人の暮らしや語り、その佇まいを映像で記録している。二〇一五年、仙台に移居。一般社団法人NOOKの立ち上げに携わる。主な作品に『the place named』（11）、『波のした、土のうえ』（14／瀬尾夏美と共同制作）、『息の跡』（16）、『空に聞く』（18）、『二重のまち／交代地のうたを編む』（19／瀬尾夏美と共同制作）

小林 茂

わからないから撮る

『阿賀に生きる』のカメラマンであり、『チョコラ!』や『風の波紋』などで知られる映画監督、小林茂。三年間、阿賀の地に移り住んだ撮影では、佐藤と熱い議論を戦わせる日々の中、学びながら映画を作り上げた。二人は疎遠になった時期を経て、『阿賀に生きる』から一〇年後、『阿賀の記憶』で原点を確かめ合った。佐藤真の助監督として、佐藤の仕事を仰ぎ見ていた、映画監督で映像ディレクター、ノンフィクション作家の山本草介が、小林の当時の思い、今改めて佐藤真について思うことを聞いた。

(聞き手:山本草介)

素人集団だった『阿賀に生きる』スタッフ

——僕は佐藤真さんが青森県の八戸市美術館の依頼で子どもと一緒に撮ったアートフィルム『市場最大の作戦』(01)や、『星の文人 野尻抱影』(02)という教育映像を作った時期に、助監督として佐藤さんと一緒の時間を過ごしました。今日は『阿賀に生きる』のカメラマンで、映画監督の小林茂さんにお話を伺います。

小林　映画だと『阿賀に生きる』と、その一〇年後ぐらいの作品『阿賀の記憶』(04)、また映画以外だと『狐火伝説の町・津川』(95)、『写真で読む東京』(96・NHK)でカメラを回しております。『阿賀に生きる』は、映画ができてから二〇年後にデジタルリマスター版をつくりました。大変素晴らしい映像で、まるでフィルムを見ているような感じでした。デジタル化してもフィルムで撮ってる感じがよく出ていたと思います。

——『阿賀に生きる』は八八年からスタッフ宿舎「阿賀の家」を開設し、準備を進めて、翌年からクランクインして三年間かけて制作されました。当時監督経験のない佐藤真さんが、旗野秀人さんと出会ってこの映画が動き出したと思うんですが、制作の経緯を伺えますか。

小林　香取直孝監督の『無辜なる海 -1982年 水俣-』(82) という作品は、スタッフ四人が水俣に移り住んで制作した映画ですが、佐藤さんは助監督でした。映画完成後、彼らはそれぞれ地域をわけて自主上映の旅に出て、新潟に行ったのが佐藤さんです。佐藤さんが新潟で出会った旗野秀人さんは新潟水俣病の未認定患者さんの支援者ですが、来る人は皆受け入れる人で、酒を飲ませて泊まらせてくれた。旗野さんはその時佐藤さんに、「熊本の水俣病については、文学も映画も写真も演劇もある。実は阿賀野川のほうにも負けず劣らず川の豊かな世界があるんだが、表現されたものが少ない」と話した。他の人がみんな逃げるような話だったけど、佐藤さんだけは引っ掛かったわけです(笑)。しかし彼はこのとき、「映画監督になる」とは言ってないんですね。まずはとにかく『阿賀に生きる』を撮ろうということだけだった。そしてその後、正式に助監督の修行に入るんですよ。私はそのころ京都で水俣の支援活動をしていたので旗野さんはよく知っていました。『無辜なる海』の他のスタッフは知っていましたけど、佐藤さんとは会ったことがありませんでした。

佐藤さん曰く、「映画を撮るには家を一軒建てるぐらいのお金がいる。それからスタッフは三人いればいい。監督は自分がやる。あとは録音とカメラだ」と、そういうことで、録音は、映画のナレーションも担当した、鍼灸の学校を卒業したばかりの新潟の鈴木彰二くんに、「鍼灸師もやるんだからマイクも持てるだろう」ということで録音部にしまして。撮影は、それまで私が写真集をいくつか出していたのを旗野さんがえらく気に入ってくれていて、「写真を撮るからには映画も撮れるだろう」ってことで、声がかかった。佐藤さんとは、新宿のションベン横丁(新宿西口思い出横丁の俗称)にある大黒屋っていう大衆酒場で、初めて会いました。二人とも酒飲みなんだけど金がないんですね。だからビールの大瓶一本とさんまの塩焼きで二時間。それで僕は断り続けていた。僕は柳澤壽男監督の助監督をしながら、スチールカメラマンもやっていたんです。でも映画のキャメラマンの経験はなかった。キャメラマンは大体一〇年ぐらい助手をしてからなるものなんで、最初は断っていたんです。

――佐藤さんは、どういう説得をするんですか。

小林　要するにカメラを回してほしいってことなんですけど、僕は現場でキャメラマンがどれほど大変なのかを知ってるからずっと断っていたんです。でもある時、阿賀野川のほとりで集まりがあって僕も呼ばれました。そのとき『阿賀に生きる』の冒頭で登場する舟大工の遠藤さんの家に連れて行かれたんです。僕の生まれた家の傍にも川があって、幼いころ、隣のおじいさんが魚を獲りに行くときはどこでもバケツ持ってついて行きましたが、遠藤さんはそのおじいさんと非常によく似ていたんですね。映画の中で、遠藤さんのお茶の淹れ方がいいでしょう、ぽたぽたぽたぽたと丁寧に淹れる。僕は遠藤さんを見た時、こういう人を撮るんだったら映画を撮ってもいいんじゃないかなと思って、やるって決めたんです。

——監督は初めての人で、カメラマンもスチールしか撮ったことがない人で、録音はなぜか鍼灸師がやってて。すごい組み合わせですよね（笑）。

小林　ド素人の集まりですよね。

——『阿賀に生きる』には、なんでこんなシーンが撮れるのかってシーンがいくつかありました。たとえば人の前で夫婦げんかをするとか、どうでもいいようなことだけど、そこにひき込まれていくんですよね。こういうのが撮れるのは、撮る側が素人だということと関係があるんですか。

小林　僕はニュープリントになってからも何回この映画を観たかわかりませんが、観始めると最後まで観ちゃうんですよね。昔は若い目線で見てたんですけど、だんだん自分自身が老人たちに年代が近くなってるので、今は若い人たちを受け入れるような目線で見ている。今は、この映画は若い映画だと思います。我々は、老人たちのお釈迦様の手の上で踊ってる孫悟空みたいなものだったんだなということがようやくわかります。ばあちゃんが「撮りなさんな」と言ったら、思わずひるむじゃないですか。それでも、僕らは回すでしょう。

——「カメラなんて回すもんでねえ」のところですね。

小林　そういうときに、「すいませんでした！」と言ったら、ばあちゃんは、がっかりするわけですよ。

——あ、そうなんですか？

小林　たぶん、がっかりするんです。それを無理に撮ってるから、しょうがないと思えるわけでしょ。たとえば今、若い人たちが僕のところに来て、「お前、俺のこと撮るなよ」なんて言って、「あ、すいません」って撮るのをやめたら、「なんだお前」ってなるでしょ。「すいません」とは言いながらもじわじわ寄ってくるとね、そしたら、「なかなかおぬし、やるな」となるわけです。

『阿賀に生きる』の現場は映画の学校だった

小林　加藤作二さんの餅つきのシーンもそうなんです。旗野さんは加藤さんの家を撮ってほしいと思っていたと思いますが、どう入っていったらいいかわからない。僕はやっぱり加藤さんの家の中を撮るのは餅つきの日しかないと考えていました。それは一二月なんです。そこで僕は半年くらい前からカメラが安定するように、新潟は温泉が豊富なんで、風呂に行くと必ずスクワットをやっていた。そして一週間ぐらい前に、スタッフに「餅つきを撮りたい」と言ったら、「なんで新潟水俣病と餅つきが関係あるんだ」ってことになった。

——佐藤さんも反対なんですか。

小林　賛成する人なんて誰もいないですよ。あのころはまだスタッフは四人ですが、僕は年長だし、キャメラマンだから、「やるぞ」って強引に言って撮ったんです。そしたらいざ当日になって撮影助手のヤマちゃん（山崎修さん）が、「コバさん、あの、フィルム忘れました」と。「取りにいってこい！」。そんなこともありました。

加藤さんの奥さんのキソおばあちゃんは隣の部屋の布団で寝ていましたから、ばあちゃんが囲炉裏端に来るのはお昼のときしかないと、タイミングをみて囲炉裏の反対側でキャメラを構えていたんです。思った通りキソさんが囲炉裏端にやってきて、加藤さんと並びました。

加藤さんはつきたての餅を僕ら若い連中に食べさせたくて、しきりに「食べろ食べろ」って言うわけですよ。でも僕らは撮りたい。そしたら佐藤さんが僕に「コバさん、あの、餅食べてから撮影したらどうだろうか」って言うもんだから頭に来て、「餅を食うのは監督の仕事だろ！」と作二さんにわからないように、佐藤さんに向かって小声で怒った。作二さんは、耳が遠いから聞こえていなかったかもしれません。でもその後、「食え」とは言わなくなった。なんか僕は「お前たちはお前たちで職人なんだな」という空気が伝わったんだと思ったんです。そしたら、二人の痴話ゲンカがはじまったのです。

——小林さんたちの様子は見えてますよね。

小林　「餅を食うのは監督の仕事だろ」「あ、私がいただきます」っていうようなやりとりを加藤さんたちに見せることで、スッと彼らの中に入っていったんじゃないかなと思うんです。僕はそのとき、キャメラを構えながら「映画ってこういう世界なんだなあ」っていうのをマジックミラーで見ているような気がしてね。だから僕は映画の最初の観客ですよ。その日は、映画の時間と空間ってこういうことを言うんじゃないかっていう手応えを感じた一日でした。

――じゃあ佐藤さんとしてはああいうシーンを最初から狙ってたわけじゃなかったんですね。

小林　佐藤さんは反対側でしたね。なんで餅つき撮るんだっていう感じでしたよ。

――だけど、その日それが撮れちゃったときに、「これなんじゃないか」って佐藤さんの中でも変わっていった感じがあったんですか。

小林　それは佐藤さんも監督ですから。物理的には映っていなくても、そのシーンのどこかに僕たちが映り込んでいる。そういうことが映画なんじゃないかと。そういうのがしばしば撮れるようになってくるわけね。

――三年間という時間の中で。

小林　そうそう。そういう瞬間がしょっちゅう来るわけじゃない。映画の神様はしょっちゅう降りたらあんまり価値がないでしょう。大事なときに降りてくる。一方でシチュエーションは必ず用意をしないといけない。たとえば、長谷川さんがかつてやっていた鈎流し漁を実際にやってみるシーンがありますね。それを撮るためには、僕たちが知っている四〇代の鮭の鈎流し漁の経験者を呼んできて話をしてもらう。そうすると、長谷川さんも自然とその話になる。そういうところはライトを吊って、カメラを回すわけね。そしたら、ばあちゃん、ミヤエさんがガラッと戸を開けて「お話し中恐れ入りますけど、じいちゃん、ジャガイモどこありますかね」って入ってくる。もうおかしくて（笑）。

――おかしいですよね。

小林　あそこで話をしているシーンを撮っておいたからその後に出てくる鈎流しのシーンが効いてくるわけでしょ。

――そうですね。

小林　また、そのとき、ミヤエさんが笑いながら若いころの思い出話をするシーンも生きてくるわけです。嫉妬深い舅が妻の浮気を疑って、追っかけていって、着ていた刺し子（半纏）の背中を鈎で割いたのを見たという話をするシーンですね。僕たちはこの話をご飯食べるときなんかに何回も聞いてるんですよ。でも、それを日常のなかでのシーンとしてはなかなか撮れない。遠藤さんが感覚障害で火傷をしても気づかなかったという話をするシーンもそうですが、日常の中でさりげなく出てくる。それがいいのです。僕がついていた柳澤監督は絶対に「遠藤さんの病状はどうですか」なんてことは聞かない。

――小林さん、撮影中にカメラ止めちゃったりしたんですよね？　それはどうしてですか？

小林　濃密な時間が撮れている感覚があるのに、佐藤さんが、急に「昭和電工のどうのこうの」とか聞いたりするわけです。佐藤さんはあのころ『三里塚 辺田部落』(73)という小川プロの作品が目標だったから、そういう質問をきっかけにして一人語りにもっていきたいという考えはわかるんだけども。

――呼び水として。

小林　「もう時間と空間が動いてるのに、それを認識しない佐藤さんは駄目だ」と僕は思って、しきりに佐藤さんに、答えがわかるような質問、当時僕は「現ナマ」って言ったんですけど、『現金(ゲンナマ)に手を出すな』ってジャン・ギャバンが出てた映画のタイトルになぞらえて言ったんです。かっこいいでしょう？　笑うとこよ、ここは(笑)。

――ははは。

小林　でも佐藤さんは手を出すから、そしたら僕は強硬手段でカメラのスイッチを切った。僕が柳澤監督から学んだのは、とにかくキャメラマンが夢中になってカメラを回せる状態をつくりだすのが監督の仕事だってことだったんです。監督は現場で何かいろいろやる仕事じゃない。監督は、カメラが回る前に場をつくってるもんなんです。だから鈎流しの迷人会に頼んで長谷川さんと会わせるようなところは、僕が知らない間に、佐藤さんもちゃんと仕込むようになるわけ。そこで、ああ、やっと一人前の監督になったか、と。

――なんか本当に学校というか、議論、議論、議論みたいな日々だったんですね。

小林　そうですね。鈎流しは結局二回やったんだけども、一回目は獲れなかった。そのときの悔しがってる長谷川さんの顔が良かったの。軽トラに乗って「俺は腕が鈍ったかな」とか言って暗闇に入っていくんです。

――そんなシーンもあるんですか。

小林　僕はそれが好きで。でも佐藤さんが「もう一回やらせてくれ」って言うもんだから、僕は、「いや、あれでいい、獲れなくていい」と強硬に言ったんだけども、佐藤さんが食い下がったので、そこまで言うならということで撮ったわけね。そしたら鮭が獲れちゃった。ロングに構えていたカメラを、鮭が獲れたらヒュッとズームで寄らなきゃいけないのに、僕としては「獲れちゃったか、仕方がねえな」という思いが強くて、ずずーっとゆっくり時間をかけて寄っています。今見れば、獲れたのを見ないとお客のほうは納得しないし、たまたま獲れたのも万に一つの偶然だから、それは非常にいいなと、このシーンを撮ったことには大賛成なんですが。だからそういう駆け引きはあったよね。でもケンカはみんな、芝居ですよ。

——芝居なんですか！

小林　半分芝居。もちろんケンカはしてるけど、芯からやってたらこんな映画できないですよ。

『阿賀に生きる』正念場シンポジウム

——カメラを止める事件が起きてから制作がストップして、製作費が尽きかけたことがあったときに、今この二人はこういうケンカをしてるんだっていうのを公開討論したんですよね。

小林　そう。『阿賀に生きる』正念場シンポジウム」っていって。大変著名な人をずらーっと並べて、佐藤さんがこれ撮りたいんだけど小林が言うこと聞かないって言って。僕は、それぞれラッシュを見せるの。

——俺の言い分はこうだと。

小林「こういうのが撮れてるから、佐藤さんの現金（ゲンナマ）主義は駄目だって言って二人でケンカしてしまいました」と。そして二人して、「一年ぐらいでつくるつもりでしたけどこういう状態なので、是非お金を、カンパを下さい」って言って。もうちょっと我慢していただきたいというお願いをしたんです。

——撮れてるものはあると。

小林　それで地元の新潟日報にバーンと。

——新聞に載ったんですか。

小林　だって司会は新潟日報の記者だもん。そういうのも全部計算したんです。「新潟市内で『阿賀に生きる』正念場シンポジウム　制作危機」と。それでカンパを要請してると、ちゃんと送金先まで書いてもらって、内部でやっていることを全部オープンにしていく。製作委員会ではラッシュを見たり、金の報告があったりしながら、後は朝方まで酒を飲む。誰一人としてスタッフ同士でなんかしゃべらない。みんな製作委員会の人たちに自分の鬱憤をぶちまけるわけです。みんな「わかるわかる」と

「『阿賀に生きる』正念場シンポジウム」の様子（撮影：村井 勇）

言ってくれて、僕らスタッフはぐでーっとなって、翌朝、「阿賀の家」に戻る。

――それで三年間の製作費をなんとか工面したんですね。

小林　最後は仕上げる金がなくて一〇〇〇万円の借金をしたのです。

――しかし佐藤さんは、三年間ケンカもしながら映画をつくって、完成した後は小林さんと距離を置こうとされた。僕は小林さんのカメラがとても好きだったので、佐藤さんによく、「小林さんとまたやんないんですか」って聞いたら、「小林のカメラはちょっと暑苦しいんだよねえ」と。でも、「その暑苦しさを冷ますのが俺の仕事かな」みたいなことを言ってましたね。

小林　さんざんだったんじゃないかな。僕は一緒に仕事をしたいと思ったけど、三年も同じ釜の飯を食ってあれだけやり合ってたら、佐藤さんは嫌になってたんだと思う。それに、ちがうキャメラマンともやってみたいという気持ちはわかりますよね。

一〇年後の『阿賀の記憶』

小林　『阿賀に生きる』から一〇年後を撮った『阿賀の記憶』は僕が脳梗塞で倒れて撮影が延期になって、再び撮影し始めるんだけど、カメラを回せる喜びに満ちている作品なんです。

――『阿賀に生きる』のときみたいなケンカはもうないんですか。

小林　一〇年経って、『阿賀の記憶』を作りたいという話になって、佐藤さんから長い手紙が来たのよ。その手紙があれば本当は、本（『日常と不在を見つめて』）の中に入れてくれたと思うんだけど、僕があんまり大事にして持ち歩いたもんだから、見つからなくなっちゃって（笑）。その手紙には、『ＳＥＬＦ ＡＮＤ ＯＴＨＥＲＳ』のキャメラマンの田村正毅さんに頼んだら断られたって書いてあるんですよ。僕に頼むのに、普通言わないでしょ。田村さんから、「佐藤さん、頼むキャメラマンが違うんじゃないかい」と言われたらしいんです。

――ははは。誰とは言わないけど。

小林　もう一回小林とやりなさいということでしょ。でもそれを読んだときに、これを断ったら、俺という人間はなんなんだというふうに感じたのね。僕は、佐藤さんとやることはもうないなと、諦めてたわけですよ。そういうところに手紙が来たから、是非やらせてくださいと返事をした。

――『阿賀の記憶』の撮影に入った直後に小林さんが倒れられるんですよね。佐藤さんは、一回そういう経験したら世界が変わって見えるんじゃないかと言われたと？

小林　そうですね。

――実際そう感じられましたか？

小林　見える世界が違いました。佐藤さんは、新鮮に見える世界を切り取ってくれればそれだけでいいということを言ってくれた。佐藤さんもロンドンに留学して、映画草創期のころの手回しの映写機の映像なんか見て帰ってきて、「コバさん、その映写機を止めることはできないか」なんて言ってきたり、昔のフィルムを剥いだら画がくっついたのを面白がって、スクリーンに映写してそれをまた僕がフィルムで撮ったりして。『阿賀の記憶』のときは佐藤さんと非常にうまいこといきました。あんまり気持ちが良かったもんだから、僕はそのころ重症心身障害者の「びわこ学園」の人びとの映画を撮っていて、ふと、佐藤さんに、「もうすぐ、いま撮ってる映画が上がるんだけど編集してくれないか」って頼んだのね。そしたら「いいよ」ってすぐ引き受けてくれたんです。

――『わたしの季節』ですね。

小林　そうです。コバさん、ギャラはいいから、その代わりフィルムでやるのはすごく時間が掛かるから、一回全部テレシネにあげてと。

――デジタルにするということですね。

小林　週二日くらいはやれるからって言ってくれたんです。それで、佐藤さんと編集の秦岳志さんと二人して二カ月ぐらいで上げてくれた。佐藤さんの編集は素晴らしいなと思ったね。

――さっき「世界が変わって見えるんじゃないか」って佐藤さんがおっしゃったことって、その後の作品にもつながっているんですかね？

小林　私は重症心身障害者の心象を撮るために倒れたんだと思った。神様が「お前一回こういう世界を経験してみろ」っていう感じでしょ。そうすると、自分が撮ろうとしていた姿勢がものすごく高かったっていうことがわかったんです。

――それは上から目線ということですか。

小林　そうです。彼らをどうしたらいいかっていう目線で見てるわけよね。僕が倒れたら医者と看護師がベッドサイドで「小林さんをどうするかねえ」と言ってるのと一緒でしょ。それを僕が聞いてたらなんと思う。

——めっちゃ嫌ですね。

小林　ストレッチャーでCT検査のところに運ばれていくときも、寝そべって上を見ながら蛍光灯が川のように流れていくわけです。そのとき「ああ、びわこ学園でストレッチャーに乗って移動してる子どもたちはこういう風景をいつも見てるんだ」と思って。これ頂きだなと。

——その状態の中で。

小林　左手は力が入らないんだけど、右手だけ鉄柵をつかむような力があるんです。親指で引っ掛ければ一六ミリのキャメラが持てる。だから片手でなんとかいけないかな、とかね。天井が移動するシーンが映画の中にも出てきますけど、僕が倒れなかったらあんなふうにはたぶんいかなかったし、福祉がどうのこうのって映画になったと思う。そうじゃなくて、彼らには「人間が生きるってなんなんだ」という根本的なことで相対していけばいいと思った。彼らが「小林さん無理したらあかんで」っていう意味のことを「こ、ば、やし、さ、ん・・・」って言うんだけど、なめらかな言葉で言われるよりも一〇倍くらい勇気付けられた。そう彼らから言われることの安堵感。そして、四〇年間に渡って徐々に障害が重くなることをわかりながら、そんな自分を受け入れてきた人間力。そういうものを撮ればいいんだと思った。だから『阿賀の記憶』も、僕たちが過ごした場所だから思い入れはあるけれども、まばゆいばかりの川面を撮ればいいんだ、カニがいたらカニを撮ればいいんだと。

——『阿賀に生きる』を見た後に『阿賀の記憶』を見ると本当にびっくりします。まったく違うんですよね。あのころが懐かしいっていう映画でもないし。

小林　長谷川のばあちゃんが老人ホームに入ってたんだけど、内緒で助手さんに撮影してもらって、僕と佐藤さんとばあちゃんの三人で映ったのね。それで佐藤さんが亡くなったときにね、僕は、佐藤さんはあの映画の中に入っちゃったと思ったわけ。そして僕も入る場所があそこにあると思ってるわけ。

——いやいやいや。

小林　本当に。佐藤さんはあの中で生きている。佐藤さんは映画の中に入っていった。そういうふうに思うのね。

「わからないから撮る」
——佐藤真と小林茂の往復書簡

——里山社の『日常と不在を見つめて』には、佐藤さんと小林さんが交わされた往復書簡が収録されています。この手紙は佐藤さんが亡くなるどれくらい前のことだったんですか。

小林　最後の手紙は〇七年の二月ですね。その年の九月に佐藤さんは亡くなりました。

――佐藤さんは僕にとって、映画監督として世間的な評価もあって、ドキュメンタリーの本もたくさん書かれていて、知的で、かつ実践もしている巨人だったんです。怖い人というイメージで。そんな人が小林さんに、どう表現したらいいかわからないんですが、つらいとか、自分がなぜ、映画を作っているのかという率直な悩みを手紙で打ち明けていることに驚きました。

この手紙が交わされた当時、小林さんはケニアで『チョコラ!』という映画を作っていて、佐藤さんはパレスチナで『エドワード・サイード OUT OF PLACE』という映画を作った後だった。佐藤さん自身はなぜ自分が縁もゆかりもないパレスチナで映画を作っているのかということに自問自答していて、小林さんにも、「なぜあなたがケニアで映画を作っているのか」を問うことが、次の映画の勝負どころになるんじゃないかと手紙に書かれている。『阿賀に生きる』という映画で小林さんは、まだ何もわかっていなかった青年が一人の映画監督になっていく時間を一緒に過ごされました。小林さんが佐藤さんのもっとも傍にいた人だと思うんですが、作り手として、ドキュメンタリストとして、なぜ自分がそれをやるのかっていうのは、やっぱり昔から佐藤さんと小林さんの間でもいつも話されていたんですか?

小林　そうですね。少し答えとは違うかもしれませんが、若くして、勝算もなく飛び込んでいった『阿賀に生きる』という映画が佐藤さんの礎なんです。だからそこを土台にして、佐藤さんはいろいろな形の家を建てていったと思うんです。でもその後は依頼もくる。

――プロデューサーが佐藤真にこういうの作らせたいとか。

小林　はい。だからそういう意味で言うと、自分が本当に作りたい映画を作っていくことの難しさ、困難さはあったと思う。過ぎてしまったあの『阿賀に生きる』の三年間がね、キラキラと、星のごとく光って見えていたんじゃないかと思うのね。それが佐藤さんの矜持だと思うし、そしてたとえ依頼された映画でも、自分の土台にして、自分なりに家を建てる。柳澤監督の影響も、僕を通してだけれども、佐藤さんには結構あったと思うのね。

そういう話も結構してたし。僕はよく柳澤監督から、こうすればああなるっていうような、映画を作るときの技術的な引き出しを使い始めたら、もう終わりだぞってよく言われてた。そういう映画って嫌らしいのね。こうやって涙腺を引っ張ると涙が出る、というような。そういう映画を作りはじめたらもう駄目だよと。僕なんかは福祉の映画を作ってるから、そういう福祉映画を涙流して観ながら、「こういう映画作っちゃ駄目だよな」と思うんだよね。佐藤さんは、いつも苦しんで苦しんで、あの原点に戻って、これはどういうふうに作ったらいいか、引き出しから出さずに考えて作った。だから一作一作違うでしょう。

――違いますね、明らかにスタイルが変わっていきます。

小林　僕は手紙の往復でも、「佐藤さんは一作一作、引き出しを開けずに苦しみながら、でも新しいチャレンジを繰り返してきたじゃないか」と伝えたんです。そのことを僕は認めるし、それが佐藤さんのいちばんいいところだから、こういうときは少し休んで、またやろうというような手紙を書いた。佐藤さんのほうからは「ケニアにいるコバさんを見てると現場が懐かしい」と。今にでも飛んで行きたいというような手紙が来た。佐藤さんはその頃、有名になって、日本のドキュメンタリストを代表するような形で、世界中の映画祭の審査員とか、日本のドキュメンタリー特集みたいな場所に呼ばれていたんだけど、それについて「恥ずかしい限りだ」というようなことを書いてる。でもまさに日本のドキュメンタリーの過去も行く末も踏まえた上で、佐藤さんは「日常」という言葉とか、そういうものを定着していった張本人だと思うんです。そういうことを考えたら、佐藤さんが呼ばれるのは当たり前の話なんだけど。僕は言ったんです。「書いたことが全部自分に返ってくるのはわかるよね」と。佐藤さんは、それはわかると言ってた。だから映画を作りながらあれだけの本を書くっていうことの覚悟は、相当なものだったと思う。僕はそれについては、心配した。ただ、自分の足跡を、映画だけじゃなくて文章としても残せる人だったし、それから残しておくべきだと、どこかで思ったところがあると思うのね。

最初は『阿賀に生きる』だった。そこからいろんなものを見ていく中で、佐藤さんはいわゆる教条主義にはまっていくことの恐ろしさを感じていた。そして最初から結論に導こうとするようなドキュメンタリーを否定していきたいわけです。つまり、「わからないから撮るんだ」

っていうこと。撮るたびにわからなくなっていくという、そのプロセスがなくて何のドキュメンタリーだというのが、彼の言い分だし、僕もそう思ってるけど、そういう段階だったと思うのね。この本にある佐藤さんの手紙にも夏目漱石のことが出てくるけど、夏目漱石が四九歳で亡くなり、坂口安吾も四九歳でした。

――二回も書いてありましたね。

小林　夏目漱石も、神経症みたいなところもあったようだし、だからそういう意味で言えば、夏目漱石と比べるのはおかしいかもしれないけれど、佐藤さんは、普通の人で言えば人生三つ分ぐらいの仕事をしたんじゃないかと、今は思うね。

――小林さんの『風の波紋』は、新潟の十日町の、過疎の村を撮ったドキュメンタリーですよね。その村に都会や違う地域から移住した人たちの映画を、これもまた長い時間を掛けて作られた。やっぱり『阿賀に生きる』があっての『風の波紋』っていうのは、小林さんの中ではあるんですか。

小林　そうですね。『阿賀に生きる』は僕にとって、嫌で逃げ出してきた新潟という地に、もういちど三〇歳過ぎて出会い直させてくれた映画なんです。

――その後はご自分で映画を監督するようになられましたね。

小林　僕は佐藤さんが亡くなられてから鬱になるんです。九月四日の命日が近付くと駄目で、具合が悪くなるのを繰り返しました。僕は透析を受けるようになって一〇年ですが、ちょうどケニアへ行った後にすぐ透析になりました。それから更に鬱になって、鬱っていうのはこんな苦しいもんかと、佐藤さんの気持ちもわかる気がした。そしてクリニックに通ったりしていたんですが、あるとき新潟の十日町に移住してる友人のところに行ったんです。そしたらみんな歓迎してくれてね。でも農業者だから、夏はみんな朝四時ぐらいにいなくなるのね。僕が六時ぐらいに起きると誰もいない。昨日の夜のことが、キツネにつままれたような感じでね。山を見ると夜露が草にくっついていて、それがまぶしい夏の光に光ってるのね。山が光ってた。それを見たときに、ああ、ここなら映画ができるんじゃないかと思った。結局その後七年ぐらい掛かってるんだけども。

佐藤さんとはその後、秩父をずっと回っていた時期があって、秩父の映画を撮ろうとしてたんです。そのとき一緒に回ってくれた大野和興さんという農業ジャーナリストが、「日本を大木に例えたら、最終的には毛細根みたいなところから栄養を吸収していくもんだ」と。「毛細根が駄目になればどんな大木でも倒れる。小さな山村の一つ一つが毛細根にあたるのではないか」というふうに大野さんは言ったんです。僕は長年映画を作ってきて、それは本当に大事なことだと思った。山が駄目になれば中流域、下流域、海とみんな駄目になっていく。広島の山崩れで川に土砂が流れる映像がニュースで流れていましたが（平成二六年八・二〇広島市豪雨土砂災害）、土砂災害で魚が浮かんでたの、見ましたか？　あれ、不思議でしょう。魚はエラ呼吸してるから、そこに細かい泥が入ったときに呼吸ができなくなって浮くんですよ。それと同じように、福島の原発事故後、阿武隈川にすごい量の放射能が集まるわけね。怖いのは食物連鎖で濃縮していくことです。水俣と一緒だよね。チッソだって、海に流れて薄まればいいだろうと思ってた。ところが自然界っていうのは全部食物連鎖で濃縮していって、そのピークのものを人間が食うわけです。そうなるには何年も掛かる。だから自分たちが自然のサイクルの中で生きてるんだということを、『風の波紋』では表現しているんです。十日町は豪雪地帯で、本当に一人じゃ生きられないんだよね。ある人が、豪雪のときにお互いが助け合うなんてのはごく当たり前で、それはここに生きてきた人間のDNAだと言ったんですよ。そういう意味で、ここには人間の原点がある。私が『風の波紋』のために書き下ろした『雪国の幻灯会へようこそ』（岩波書店）という本に、そういう話や、ドキュメンタリー映画を撮った半生記や、佐藤さんについてのことも書いてあります。是非読んでみてください。

――最後に、小林さんが今後考えている作品はありますか？

小林　はい。『魂のきせき』（仮題）です。幼いころの性虐待に何十年も苦しんでいる友人がいるんです。性暴力っていうのは「魂の殺人」と言われるらしいんですよね。それは男社会の問題でもあるわけです。映画に出てくれている一人の女性は、被害に遭った後、「世の中から色がなくなった」って言った。そしてある本屋で写真集を見たときに、「ここだったら私は生きられる」っていうことで写真を始めたらしい。その人のドキュメンタリーを撮っています。僕も鬱になったり、精神的なことでは負けないから（笑）、興味を持って。

――負けない（笑）。

小林　生き残り者ですよ。ドキュメンタリー的な、人間の内奥をつかみ出すような映画ができないかなと、もう五、六年思っているんだけどね。『ＳＥＬＦ　ＡＮＤ　ＯＴＨＥＲＳ』で牛腸さんの生前録音されていた声が流れるじゃない。あれ聞いた途端に、あの映画全部ひっくり返るじゃない。僕は恐れを感じたよね。

――怖いですよね。

小林　怖いですよ。そういう世界を佐藤真は切り拓いてきた。僕も自分のこれまでやってこなかった引き出しを開けることをしていきたいですね。

――「わからないから撮る」っていうことを、今も続けてらっしゃるわけですね。

小林　はい。それを続けていきたいなと思っています。

（二〇一六年一〇月一一日　場所：横浜シネマリン）

小林茂（こばやし・しげる）　映画監督、カメラマン。一九五四年新潟県生まれ。柳澤寿男監督の助監督として映画制作を学ぶ。佐藤真監督『阿賀に生きる』（92）の撮影を担当。監督作『わたしの季節』（04）で文化庁映画大賞、毎日映画コンクール記録文化映画賞、山路ふみ子福祉映画賞などを受賞。『チョコラ!』（08）、『風の波紋』（15）を劇場公開。著書に『ぼくたちは生きているのだ』（岩波ジュニア新書）、『チョコラ! アフリカの路上に生きる子どもたち』（岩波ブックレット）、『雪国の幻燈会へようこそ―映画『風の波紋』の物語』（岩波書店）など。現在、「性虐待」をテーマに映画『魂のきせき』を製作中。

山本草介（やまもと・そうすけ）　一九七六年東京都生まれ。佐藤真監督作『星の文人 野尻抱影』（02）、『市場最大の作戦』（01）（いずれも展示映像作品）の助監督を務める。『もんしぇん』（06）で商業作デビュー。以後、フリーランスの映像作家として「仕事の流儀」「情熱大陸」などのドキュメンタリー番組を手がける。二〇二〇年、初の著書であるノンフィクション作品『一八〇秒の熱量』（双葉社）が大宅壮一ノンフィクション賞、新潮ドキュメント賞候補となる。

山根貞男

映画哲学者、佐藤真

佐藤真のデビュー作『阿賀に生きる』以降、長きに渡り、佐藤作品の魅力を伝え続けてきた映画評論家、山根貞男。佐藤との交流を通じて垣間見たその素顔と、『阿賀に生きる』の魅力、そしてドキュメンタリー映画作家としての、佐藤真の変遷を語る。

豪快さと、細やかさと

佐藤真について喋るということで彼の資料を整理していたら手紙がたくさん出てきたんです。「まめな人だったよなぁ」と思いながら封筒から取り出して眺めました。きれいな字じゃないいんですけど、佐藤さんの字って、いい感じなんですよね。気配りの人だということがよくわかる手紙でした。

そのなかに、『阿賀に生きる』が出来たときの手紙がありました。完成披露試写会で僕がトークをするよう彼から頼まれたんですが、その段取りについて詳しく書いてある。そのあと、東京では、今はもうないシネ・ヴィヴァン六本木という映画館で封切られたんですが、「お陰さまで初日に何人きて、二日目に何人」とあって、封切り三日目に僕に手紙をくれている。その手紙が届くか届かないかの頃に、僕が朝日新聞の首都圏版の夕刊に短い映画評を書いたら、また二日後ぐらいにお礼の手紙が来た。「映画評が出た翌日にお客さんが増えました」と。わざわざ「何月何日、何人」って初日からの観客数が書いてありました。映画評にそんな力、全然ないですよ。

たまたま土曜か日曜だからお客が増えただけだったはずです。でも佐藤さんとしては、とにかく嬉しかったんでしょうね。それを手紙ですぐ書いてくる。とにかくそういう丁寧な、繊細な人でした。実際に会うと、僕よりかなり背が高くてがっちりした体つきで、大きな声で喋る豪快な人でした。その両極みたいに見えるものが、あの人のなかでいた。だけどそういう細やかな感覚をもってバランスをとって在ったんだなということが、手紙を見ているだけでだんだんわかってきました。

佐藤さんとはたくさん思い出がありますが、いちばん印象深いのは、ポルトガルのセルパっていう小さな町で、二〇〇二年九月に、五日間「Doc's Kingdom 2002（ドックス・キングダム）」というドキュメンタリー映画の国際セミナーが行われて、そこに佐藤さんら日本の監督数人と僕も呼ばれて一緒に行ったときのことです。その数年前に亡くなったアメリカのロバート・クレイマーという ドキュメンタリー監督の作品『ドクス・キングダム』のタイトルから名を借りたセミナーでした。セルパはスペイン国境に近い内陸部で、周りは見渡す限りオリーブ畑という田舎町です。その町の公民館のホールで国際セミナーが行われました。ゲストと関係者で四〇名、一般のお客さんが六〇名くらい。参加映画作家はポルトガル、スペイン、フランス、ドイツ、オランダ、イスラエル、中国、日本。日本の小特集が組まれて、佐藤さんの作品は『花子』を上映しました。丘の上の修道院を改築したホテルにみんなで泊まったんですが、朝九時半に送迎バスが来て、坂を下って公民館ホールで朝から二、三本映画を見る。昼過ぎにみんなで近くの古い木造りの大衆食堂に行き、大きなテーブルに関係者が一斉に席につくんです。すると甕に入ったワインと、茶碗いっぱいのオリーブの実がテーブルの随所に置いてあって、このワインがじつに美味しい。佐藤さんは酒のみですから、「山根さん、俺もうこのワインとオリーブの実だけで腹いっぱいになるよ」って喜んじゃって。そのあと運ばれてきた田舎料理がまたワインと合うもんだから、昼から三時間くらいわいわいやって、みんなすっかり出来上った状態で四時に公民館に戻るんです。それから午前中に見た映画について監督を囲んで三時間ディスカッションとレクチャーをやって、夜八時頃終わる。そこからまた食堂へ行って、ワインと夕飯で二時間くらいやって、それで終わりかと思ったら公民館へ戻って、また一本映画を見るんです（笑）。もう睡魔と闘う感じで、ようやく夜の一一時頃にバスで丘の上の宿舎へ戻る。でもみんな興奮してますから、食堂でまた飲んでやっと寝る。そして翌朝九時半にはもうバスが来てる。缶詰状態ですね。大変なことをやったなと思います。

ある日、ロバート・クレイマーの奥さんが、オリーブの林が見事だから歩こうと提案してくれたんです。アッバス・キアロスタミの『オリーブの林をぬけて』に、砂地のオリーブの木の間を延々抜けていく有名な最初のシーンがありますが、ちょうどあんな感じで、そこをみんなで歩いて行くのが楽しくて楽しくて。最終日の夜は古いお城のレストランで打ち上げをしました。何を話したかは全然覚えてないんですが（笑）、佐藤さんはそんなに流暢ではない、癖がある英語を喋ります。外国の若者もみんな一緒になって彼の口調を真似してからかうのを、彼がにこにこして見ている様子が、いまだに目に焼き付いています。

日常の裂け目

久しぶりに『阿賀に生きる』を見ました。やっぱり何度見てもいいなあと、改めて確認しました。一九九二年の映画ですが、そんなに昔の映画だとは思わない。むしろ今見て、新鮮な感じがしました。

導入部からすごいですね。長谷川さん夫婦が田んぼの仕事をしている。奥さんが「撮影隊も大変だね」なんて言ったりして、田んぼ仕事の映画だと思っていると、突然、阿賀野川に吹く風の話になる。それから次は、ポンと会合のシーンです。テロップで「新潟水俣病未認定患者」の集会だとある。風土の話からいきなり病気の話に行っちゃう。その後は、ツツガムシの虫地蔵でおばあちゃんたちがお祈りの唄をうたうシーン、そして舟大工の遠藤さんの話になる。そこからまた長谷川さんの田んぼが出てくる。本来の日常の姿に戻ったんだなと思っていると、いきなり神輿が出てくる。そしたらその神輿がそのまま、水俣病の原因をつくった昭和電工の工場の敷地へ入っていく。これこそが映画だと思うんです。映画というものは、カットの編集によって、作り手が見ている我々に何かを提示する。それを、この映画は完璧と言っていいくらいの形でやってのけている。

たとえば、水俣病の未認定患者の会合で深刻な話だと思っていると、会が終わったあと、記念撮影をやるんですが、みんな和気藹々と楽しそうにしている。緊張するのか、緩んでいるのか、日常的なことと非日常的なことがいくつもの凸凹や局面でくるくる変わりながら映像が展開していく。これがすごくいい。全篇そういう調子で進んでいく映画です。

いま、冒頭の少しの部分だけを細かく言ってみたんですが、細かく見ていけば全篇そうなっていると思います。一般的に言えば、編集がうまいっていうことですが、単に編集がうまいというのとちょっと違う。編集がうまい下手っていうんじゃなくて、これは編集こそがこの作品の、いわば命なんだという姿勢でつくっているんじゃないか。もっと別の言い方をすると、カットがどう繋がれているかということが、この作品の思想そのものであると言えるんじゃないか。映っているものというよりは、カットの並び方が大事なんです。だからおそらく撮影の段階でももちろんいろんなことがあったでしょうが、撮り上がったものを全部並べてみて、何度も何度もディスカッションして編集をやり直していったのに違いないでしょう。佐藤真監督と小林茂キャメラマンとで、結構ケンカしたらしいんですが、そういうなかでつくられていった。そこで、この作品の思想そのものが練り上げられていったんではないかなという気がするんです。ただ本当のことを言うと『阿賀に生きる』だけが特殊なわけではなく、映画というものは本来そういう表現体なんだということを、この映画を通して改めて思います。

カットの繋ぎ方そのものが作品の思想なんだと言っちゃえば、ドキュメンタリーであろうとフィクションであろうと変わらないような気がするんですね。映画という表現の本質的な部分を、わっと掴んだ映画、そこに根ざした映画です。だから今見ても新鮮なんだと思います。題材頼みにつくっていたら、絶対古くなりますよ。何度もこの映画を見ていますが、長谷川さんが話しながら寝てしまうところとか、餅つきの加藤のじいちゃんと奥さんがケンカするところなんか、わかっているのに笑ってしまいますよね。

佐藤さんのキーワードは「日常」という言葉ですよね。最初の本の題名も『日常という名の鏡』でした。彼は日常をどうやって画面に提示するかということをいつも考えていた。でも、日常というもののなかには、さっき僕が言った「いきなり」とか「そのまま」っていうことが絶対に起こっているんです。『阿賀に生きる』に登場している人のなかにもそれが起こる。それがいわば、日常のなかの一種の裂け目、断層みたいなものです。そういうものが『阿賀に生きる』ではふっと画面に出てくる瞬間がある。この映画の場合はそれが新潟水俣病という病であったと思います。封切られた時、『阿賀に生きる』は新潟水俣病を扱った映画なのに、病気という点について突っ込んでいないんじゃないかという批判もあったようです。でもそれはまったく見当違いな批判だと思います。日々の暮らしと水俣病というものの本当の関係を掴まえていないんじゃないか。この映画は、農業をやったり魚を捕ったりして普通に暮らしている人が水俣病になるんだということを言っている。つまりいきなり病気になるわけです。あるいは、そのまま病気になったんです。そのことを、カットの繋ぎ方によって表現しているんじゃないか。そこを見ないと、この映画を見たことにならない、と僕は感じます。だから『阿賀に生きる』はいろんな点ですごい映画だということがわかる。

ちょっと別の観点から言えば、映し出される物体に存在感があるんです。たとえば舟大工の遠藤さんの家の壁にズラーッとかなり煤けた祝儀袋が掛かっている。囲炉裏が傍にあるから煤けるのは当然なんですが、それだけ彼の歴史がわかる。あるいは遠藤さんの舟造りの道具を映すシーン。または、鉤流し漁の長谷川さんが道具を見

長谷川さんの田んぼを手伝いながら撮影した。左端が佐藤真。右端が小林茂。（撮影：村井 勇）

せるシーン。そういうシーンでは、必ず彼らの手が出てきます。多くの人の手が、水俣病の影響で震えている。裁判に行くバスの中で「おれの指も曲がんねぇ」と言っていたりする。肉体ですから物体と言ってもいいんですが、それが侵されているということを、ポンとそうやって提示する。クローズアップして映したりせずに、祝儀袋とか舟造りの道具とか鉤流し漁の道具と一緒に手を映してしまう。映画だからこそできることですが、それをちゃんとやっている。

それから、出てくる人全員、顔がいいですよね。表情が輝いている。長谷川さんの皺だらけの顔とか、遠藤さんの赤らんだ顔、どこを見ているのかわかんないような目の表情とかを見ているだけでこちらがほのぼのとした気分になっていく。あれは被写体がいいから捉えられたとは言い切れないと思います。やっぱり撮る人がいいとしか言いようがない。だから小林茂っていうキャメラマンが優秀だった。そしてそれを見せるのが、編集の力だとも、やっぱり思います。この映画は笑いがすごいですよね。おばあちゃんが唄う唄も、こっちもつられて笑っちゃうんですが、画面のなかでもみんな笑ってます。だから水俣病や年寄りの深刻さというのものを、全部笑いで吹き飛ばしてしまう。それもこの映画の魅力だと思います。

佐藤真はそういう大きな映画で映画監督としてデビューしました。彼が撮影あるいは編集していくなかで繰り返し考えたこと。撮るとはどういうことか。それから、撮る・撮られるっていう関係について考えた。明らかにキャメラで映されていることをわかっていて夫婦がじゃれ合っているわけだから、演技とも言える。だけど演技だからって嘘ではなくて本当なんです。嘘と本当がごっちゃになっている。それは撮る・撮られるという関係のなかで生まれてきている。それを監督の佐藤真のみならずスタッフ全員が考えたということもよくわかります。

「表現とは何か」を突きつめる

佐藤真はその次の『まひるのほし』まで七年かかったんですよね。だから『まひるのほし』は『阿賀に生きる』を撮り、上映して考えたことを踏まえて撮った映画だと思います。

その前に、三作目の『SELF AND OTHERS』のことに少し触れたいと思います。じつは牛腸茂雄と僕は、たまたま知り合いだったんです。一九七六年から七七年にかけて、僕はある専門学校の映像系の授業を頼まれてやったことがあって、牛腸さんも僕と同じ非常勤講師だったんですね。だから週に二回くらい、講師の部屋で会う。彼はものすごく人懐こい人で、すぐ仲良くなっていろんな映画の話をしました。僕は彼がすごい写真家だなんて知識もなかった。彼は写真家なんだけど映画も撮っていました。そんなことも知らないまま仲良くなりました。その当時ちょうど『SELF AND OTHERS』という写真集が出たんです。僕はそれを彼からもらった。人物写真集です。全部こっちを向いている。それはつまり、牛腸茂雄という写真家がカメラを向けているわけですが、向こうから見返されているということにもなる。だから、見る・見返すという関係がどの写真にも写っている。たまたまこっちを見ているところを撮ったんじゃない。これは面白いなあと思いました。そしたら撮る・撮られるの関係についてすごく意識していた佐藤真が、自分の三作目に『SELF AND OTHERS』を題材に映画を撮った。あぁやっぱりこんなところへ来るんだなあと感じ入ったことを覚えています。

二番目の映画『まひるのほし』の話に戻ります。これは知的障害をもつ人たちのアート活動を撮ったものです。四作目の『花子』もやはり、障害者の「食べ物アート」っていうんだけど、残飯を並べているのをお母さんが写真に撮ったもの。それがちゃんといい絵になるという不思議なものを映画にしている。『まひるのほし』も『花子』も両方とも日常のなかの表現行為を撮っている。『SELF AND OTHERS』は写真家。つまり佐藤真という映画監督は「表現」あるいは「表現者」を対象にするようになっていったとも言えます。五作目の『阿賀の記憶』は、『阿賀に生きる』という自分の作品を題材にもう一度映画をつくっていると言える。単なる『阿賀に生きる』の思い出話ではなく、『阿賀に生きる』という作品について、いわばもう一度現地へ行って、また考える。つまり表現物を題材にしている。そして六作目。映画としてはこれが遺作になってしまいましたが、エドワード・サイードについて撮った『OUT OF PLACE』も、サイードっていう人は思想家、あるいは活動家で、やっぱり表現者です。だから『阿賀に生きる』を撮ったことで、彼は表現行為というものについて考え考えて、表現行為そのものあるいは表現者というものへキャメラを向ける方向へ歩みを進めていったと思います。

『まひるのほし』『花子』に戻って考えると、絵とかパフォーマンスも、彼らはある意図をもって、ものを作りたいから作ってるんじゃなくて、命の営みとして絵を描いたり食べ物を並べたり、ラブレターみたいなものを書いたりしている。一般的に「表現」っていうものには、たとえば詩を書くときに、こういう気持ちを詩にしたいとか、絵にしたいとかっていう気持ちがまずある。そしてそれを自分で表現に定着する。しかしどうも『まひるのほし』も『花子』も、そういうのとはちょっと違う。また、『ＳＥＬＦ ＡＮＤ ＯＴＨＥＲＳ』の写真家も『阿賀の記憶』でも『阿賀に生きる』に出てきた人は亡くなっている。エドワード・サイードもそうです。『まひるのほし』や『花子』の人物たちは生きているけれど自分の表現活動について語れるわけではない。つまり佐藤真という人は、「表現とは何か」というところへぐっとのめり込んで、どんどん突き詰めていったんだと思うんです。

　そしてわかることがある。佐藤さんは、何冊も本を出しています。映画作家としてはめずらしいと思います。『ドキュメンタリー映画の地平』という書き下ろしのドキュメンタリー論もある。だから、映画史について、あるいは映画表現の歴史についてきちんと勉強して考えて、それを本にした。そういう映画監督はすごく珍しいんじゃないかと思います。たとえば松本俊夫さんも映画思想についての本を書いた。でもそれは折々で書いたものを集めている本であって、ダーッと歴史を調べて本を書いているわけじゃない。その点では、佐藤真の在り方は特異だと思います。

　『日常と不在を見つめて』という本の最後のほうに佐藤さんの書き下ろしの本の企画書が載っています。「ドキュメンタリーの哲学」という本です。まさにこれです。僕は生前、佐藤さんがこういう本を構想中だと話すのを聞いたとき、ぜひ読みたいと言った覚えがあります。「哲学」なんですよ。佐藤真っていう人は、映画の実作者であると同時に、映画哲学者だったんですね。日本映画史においても、稀有な存在だと思います。改めて、ほんとうに惜しい人を亡くしたと思います。

（二〇一六年四月二九日　場所：神戸映画資料館）

山根貞男（やまね・さだお）　一九三九年生まれ。映画評論家。著書に『日本映画時評集成』全三巻（国書刊行会）、『マキノ雅弘 映画という祭り』（新潮選書）、『東映任侠映画１２０本斬り』（ちくま新書）など多数。編書に『日本映画作品大事典』（三省堂）

赤坂憲雄×旗野秀人

「福島に生きる」は可能か

『阿賀に生きる』の発起人であり、「新潟水俣病安田患者の会」として阿賀の暮らしや人々の魅力を語り、伝える旗野秀人。民族学者の赤坂憲雄は、東日本大震災後の原発事故で人が住めなくなった地域を擁する福島について、『阿賀に生きる』になぞらえ『福島に生きる』は可能か」と問いかける。新潟と福島、それぞれの地で、侵された土地と人々の暮らしに向き合う二人に、思いを語ってもらった。聞き手は、本トークを企画した映画監督の小森はるかが務める。

（聞き手：小森はるか）

水俣病の運動からこぼれ落ちる〝宝もん話〟

旗野　私は患者の会の活動を始めてから四五年になります（※この対談は二〇一六年秋に行われました）。出身は阿賀野川の河口から約三〇km、いわゆる中流地域と言われている安田町（現・阿賀野市）です。そこからまた三〇km上流に昭和電工がある。四五年前の一九七一年、私は二一歳の時に、東京のチッソ本社前で、ご本人も水俣病の患者で、未認定患者の会のリーダーだった川本輝夫さんが東京へ座り込みに来た時にたまたま出くわしたんです。新潟水俣病はその年の九月の判決で、ようやっと昭和電工が原因企業であるということが明らかになった。でも、七一年の暮れに川本さんと初めて会った時、「九月の（新潟の）判決の後、どうなってる?」って言われて、まったく答えることができませんでした。最初の裁判では、安田町には患者さんはいないとされた農薬説だったんです。私も自分の町には患者もいないし、水俣病は他人事だと思っていたんですね。でもそのとき川本さんに「あんた、こんなところにいるよりも安田町に帰ったら？　あんたのところにも必ず患者さんがいるはずだから、その手伝いをしたらどうだ」と言われた。

そしたら、安田に戻って翌年明けてすぐ、七二年一月に、本当に偶然、安田町から認定患者が出たんです。だけど患者さんのもとを訪ねて話を聞こうにも「水俣の話なんてできない」と断られる。その患者のばあちゃんは「水俣の話でなければ来ていいよ」というんです（笑）。それで訪ねたら、「じいちゃん（夫）は川舟の船頭なんだけども、水俣病の申請をしたのに棄却になった」と、向こうから話を始めてくれたんです。じいちゃんは市川栄作さんという方で、栄作さんも「おめさんも呑むかね？」なんてハナからそういう展開で、市川さんの長女が私の同級生だったりしたこともあって親しくなって「いや実は俺だけじゃねんだよ、家族も水俣病で。今度は船頭仲間みんなの話も聞いてくれ」ってどんどん思わぬ展開が広がっていきました。そしていわゆる〝ニセ患者〟、つまり補償金目当てじゃないかとか言われてなかなか申請できないとか、症状が足りないから棄却されたという認定基準の話といった現実的な話を聞くんです。そこで八一年の二次訴訟の裁判まで、いわゆる未認定患者の運動をやりました。無我夢中で、精一杯「患者さんのために」と思ってやっていた最初の一〇年でした。

——いま手元に、八一年に旗野さんが中心になって出された『あがの岸辺にて』という、未認定患者さんの聞き書き集があります。これはどういう経緯で作ることになったのでしょうか。

旗野　七一年から一〇年間やっていたのは、行政不服の運動というものでした。たとえば、交通事故で片足を無くした場合は賠償金が一〇万円だけど、両足だと五〇万円になるというように、いかに水俣病による症状が揃っているか、大変かということを伝えて、少しでも多く患者さんに補償金が下りるようにする活動です。それはつまり、いかに悲惨な状態かを言えるかどうか、みたいなことなんです。ところが認定審査会ではお医者さんのカルテなんかを出してきて、「この人は症状がひとつだから水俣病ではない」とか「高度な学識と豊かな経験をもとにして、あなたは水俣病ではないと判断しました」みたいなことを言われる。それに反論するには、反論書というのを本人が書かなければならない。だから疫学的な裏付けを書いて欲しいんだけど、八〇過ぎのじいちゃんに「書いて」って言ったら、ずっと川の暮らしをしてきたじいちゃんは、震える手で好きな魚の名前を一〇匹くらいカタカナで書いたんです。それを見て私も「これじゃダメだよ。何歳からどれくらい魚食ったかって書かないと」みたいなことを言ったんです。でもその瞬間「あ、俺もいつの間にか行政と同じようなことをこの人たちに求めてるな」と気づいた。「この人が八〇数年間、川筋に暮らして感じた精一杯の表現を受け取る余裕を俺はなくしている」と。患者さんは「生まれた時からここに住んでて、一八になって嫁にいけって言われて、舟に乗って嫁に来ました。そして初めて婿さんの顔をみたら舟大工の遠藤さんでした」みたいに、延々と自分の一生を語る。その結果、一二〇人くらいの組織の人たちが一〇年かかって一人だけ認定されましたが、ほとんど全員棄却されました。向こうが求める症状が揃わないんです。それで、さすがに八二年に、「やっぱりこれは裁判しかないんじゃないか」ということになりました。でも、全然勝てなかった一〇年間で私は、この人たちには宝もん話があるということに気づくんです。水俣を見れば石牟礼道子さんとか、桑原史成さんとか、ユージン・スミスさんとか、土本典昭さんとか表現者がいっぱいいるのに、新潟は「四大公害裁判の先駆的な運動の勝利」みたいなことしか語られない。これはもったいないって思ったんです。

そこで、自分ができることは聞き書きかな、と、八一年に仲間と一緒にガリ版刷りで聞き書き集を作るんです。それが長いあいだ絶版だったんだけど、実は二〇一六年に若い人たちが「もったいない」って今風にして出しなおしてくれた。しかもその中の一人の、小林知華子さん、いつも「チカちゃん」って呼んでるんだけど、彼女のお母さんは、上川村っていう阿賀野川の支流の出身で、本ができたときに二人で音読してくれたんです。それがすっごく嬉しくて。「俺がやりたかったのは、こういうことなんだな」って思った。

顕在化していない「水俣病」「鉱毒事件」は日本中にある

――大事なお話をたくさん聞かせていただきました。『阿賀に生きる』にも通じると思いますが、何かを訴えることよりも、運動していくなかで見えてくるものがある。

それはこちらが見たい目線ではないんですね。「宝もん」って旗野さんがおっしゃるような生き方や暮らし方を見せてくれることのほうが、その暮らしを奪ったこの水俣病という病気の恐ろしさを伝えてくれる。旗野さんから私は、そういう表現の仕方や、「文化になる」という考え方を教えていただいたと思っています。赤坂さんはその少し後、山形に拠点を作られて、「野辺歩き」をしていろんな人に出会ったとお聞きしました。

赤坂　『阿賀に生きる』は、九二年にできているんですね。僕はその年に、東京を離れて山形に行きました。山形に行ってそこから一〇年ぐらいずっと聞き書きをしていたので、この映画に描かれているのともの すごく近い世界を見聞きしていました。僕は最上川沿いの川べりの村をいくつも訪ね歩いていたから、ほとんどこの映画の風景と重なるような風景を見て歩いていたんですね。もちろん最上川沿いには、水俣病はなかったんです。でもね、ほんとうになかったんだろうかって、ふと思ったんです。たとえば、僕の友人の森繁哉という舞踏家がいる大蔵村は、山奥に鉱山がたくさんあって、みんなそこを流れている川を指差して言うわけですよ、「真っ赤だった」って。だから鉱毒が垂れ流しされていたわけです。地元の人はその川の魚なんて誰も食べない。そんな話を繰り返し聞いたそうです。それを聞いて僕は、「あれ、それって鉱毒事件の川と同じだよな。つまり、単に事件として顕在化していないだけで、実は日本の近代っていうのは、至るところにそういう風景を生み出していたんじゃないか」って思ったんです。でもその地域の人たちは、それがもたらすマイナスを甘んじて、事件にすることもなく、たくさんの人たちがきっと傷つきながら生きてきた。そういう歴史が語られないままいくらでも転がっていたんじゃないか。そんなことを、フッと思いました。〝新潟水俣病〟という形でこれだけ顕在化して裁判になり、大騒ぎになりながら、安田患者の会で一人しか認定患者がいない。昭和電工の悪口はみんな言わない。きっとそういう構造が、日本全国、あたりまえに転がっていて、隠されてしまった歴史がたくさんあるんだろうなって。変な感想なんですが、僕はそういうことを考えてしまいました。だから、新潟水俣病という形で突出した風景になったのは、もしかしたら偶然が顕在化させたのであって、もっと沈められているものがたくさんあるのかもしれない。自分の聞き書きの日々を思い返しながら、そんなことを思ったりしました。

旗野　そのとおりなんです。七三年になると、有明湾で熊本大学がいわゆる第三水俣病を公表したり、新潟においては関川水俣病を上越の方で公表したりする。日本全国そういうことが無数にあったはずなんです。それをことごとく国は、御用学者の偉い先生を組織して全部潰すわけですよ。そういう時代があったんだけど、もう今じゃすっかり忘れて、たぶんこれから起きる原発の補償問題なんかも、同じような展開になるんじゃないかと思っています。意外と原発事故の後、誰もちゃんと調べてないんですよね。

赤坂　そうですね。たとえば工場で働いている人たちの障害みたいなものも、まるで勲章みたいに、そこで働く誇りみたいな話題にひっくり返されていく。実に巧妙な論理が渦巻いている。だって福島で甲状腺癌がこれだけ出ているのに、「因果関係はない」と医者はまだ言い張るわけでしょ。そして病院の院長が、その状況に精神的に耐えきれずに辞めていったりしている。構造はずっと同じですよね。熊本の水俣病だって、申請すれば認定されるのにしない人たちがすごくたくさんいました。そして問題は深く潜行していく。

私、『阿賀に生きる』を観て、水俣病ってなんなんだろうって思ったんです。『阿賀に生きる』は水俣病の患者さんたちを映した映画か。だとすれば有機水銀が人間の身体や精神に対してこういう影響を与えているといった映像を並べるでしょ。でもそんなものはなにも映していない。本当にわずかな場面でお母さんの曲がった指を見せることによって、「あ、この人たちは認定されていなくても、水俣病に侵されているんだ」ということを知らせる。でも考えてみると、医者は有機水銀によってあらわれた障害が水俣病だっていうけれど、実はそうじゃないんじゃないか。たくさん患者がいるのに認定されずに、みんなで一生懸命「昭和電工様」って言いながら寄ってたかって被害の実態を隠してしまう人間関係や社会のあり方のような、目に見えないもののほうこそ、水俣病というものを捉えているような気がしてしまうんです。

つまり医者の概念なんてどうでもよくて、もっと複雑に人間とその社会をまるごときちんと捉えないと、水俣病の全容が見えない。だから佐藤真さんは、医者の論理に巻き込まれてどれだけ悲惨な症状が出てくるかとか、そういう戦いは最初からしていない。もちろんこの映画に出てくる人たちが病気であることは確かで、それはきちんと裁判で認めさせて、補償させるべきです。でももっと人間という存在のまるごとと付き合う中で、病気の方がその人より大きいんじゃなくて、病気よりもその人の暮らしや生業の方がずっと大きいということがわかる。だから、この映画に出てくる患者さんたちはみんな明るいんですよね。こっちが幸せな気分にさせられるような、人間の豊かさを見せつけられる。我々はこの映画から〝宝もの〟をきっともらっている。それはきっと人間の方がスケールがでかいからなんです。でも認定ということになると、旗野さんが言われたように、その人の局部にすぎない、病気と戦わなくちゃいけないという矛盾が生まれる。

旗野　映画にも映っていましたが、遠藤さんの家の窓ガラスは割れたままで、そこに朝顔の蔓が絡まっていたりする。私は一応本職は大工なので、「ガラス入れ替えてやるよ。寒いでしょ」って言ったら、「余計なことするな。これは毎年朝顔が一輪挨拶する入り口なんだ」って。「遠藤さんかっこよすぎるよ。良寛みたいじゃない」って言ったんだけど、本当に平気なんですよ。いくら貧しくても、寒くても。感覚障害で、骨が露出するほど火傷してるのに気づかない。そんな症状を持っている人が、花一輪を愛でる、この豊かさってなんなんだろうって思っちゃった。

鹿瀬の田んぼをやっている長谷川芳男さんも、娘さんから電話がきて、娘さんに「もういい年なんだから、じいちゃんそんな田んぼやめて」って言われて最初は怒るけどニコッて笑って、「俺これ（田んぼ）好きなんだわや。楽しんだわや」って。あんな過酷な労働をそんなふうに言える、あの余裕。

餅屋の加藤のじいちゃんは明治生まれで、身体も縮んで小さいんだけど、餅を二八臼もつくんですよ。もうびっくり仰天。ニセ患者って言われるのもしょうがないぐらい（笑）。でも実は、加藤さんが認定のための症状がいちばん揃ってる人なんです。なのにあのパワーというか、あの生き様はなんなんだろうか。加藤さんの家は電気も水道もガスも定額料金以下。要するに、おてんとうさまと一緒の暮らしをしてるんです。その加藤さんがまたまともなことを言うんですよ。「旗野さん、そんな活動家みたいなことやっちゃダメだ。お前は大工なんだから、うちなんか来てちゃダメだ。ちゃんと結婚して普通の暮らしになったらまた来い」って。それで俺、結婚するんだけど、俺の結婚式とじいちゃんたちの金婚式を一緒にやって、家族ぐるみの付き合いになる。もう、運動とか、正しさを突き抜けていく感じなんです。佐藤真は映画のナレーションで「丁々発止の場面で家族以上な関係」って俺と加藤さんのことを言ってくれてるんだけど、そういうことになっちゃってるもんだから、裁判が終わろうが、付き合いが終わるわけがない。死んだって付き合ってるんだもん（笑）。

「生きていて良かった」と思ってもらいたかった

——旗野さんが『阿賀に生きる』が出来上がった後もずっと続けていらっしゃる「冥土のみやげ」という団体の活動は、まさに傷つけられてしまったものをなんとか繋ぎとめていくようなものだったのではないかと思います。どんなことをされているか伺えますか？

旗野　私自身も裁判が始まると、ついつい「この人には認定になってほしいから、できれば一〇〇〇万円あげてほしい」という気持ちになる。だけど村には、魚を獲ったら隣の家におすそ分けしてダイコンをお返しにもらったりするような、貧しいながらもお互い様精神というのが成り立っていたんです。ところが、水俣病の裁判闘争をすることで「あのじいちゃん、草取りしたりしてあんなに元気そうなのに、裁判やって金持ちになって一〇〇〇万円もらったんだって」といったように、症状の辛さもさることながら、仲が良かった隣近所の関係がズタズタになる、みんなそのことのほうが辛い。

裁判は、八二年から一三年半くらい続きます。そして九五年一二月、いわゆる政治決着ということで苦渋の選択をして和解してしまうんです。納得してるわけじゃないけど、患者さんたちが高齢でどんどん亡くなっていって、死んでしまったらおしまいだということで、不思議な金額なんですが、二六〇万円という現金と、医療手帳を交付するということで裁判を終わらせてしまうんです。すると患者さんたちは「やっと裁判が終わった」と喜んでるわけですよ。「何したい？」って聞いたら、「温泉に行きたい」って。「そんな簡単なことを我慢してきたの？」って聞いたら、周りの人から「裁判やってるくせ」にとか「ニセ患者のくせに」とか「カンパで温泉行ったんじゃないか」とか言われるからずっと我慢してきたっていうんです。それじゃあすぐに行こうってことで、九五年一二月に患者の会の人全員で温泉に行きました。みんな喜んで、温泉にいっぱい入って、カラオケ歌って。次の日の朝、「旗野さんありがとね。冥土のみやげ出来たわね」

©『阿賀に生きる』製作委員会

って改めて感謝された時に、二〇年あまり付き合ってるのに、俺はこんな単純な願いに気づかなかったのかということにショックを受けた。だけど、これからでも遅くない。残った人たちに「水俣病にはなってしまったけど、生きてて良かった」っていう冥土のみやげをいっぱいつくる楽しい運動をやってもいいんじゃなかろうか。今後も裁判を続ける人もいるんだけども、俺はこの人たちとずっと寄り添って、とにかく生きてて良かったたって思ってもらえるような活動をできたらいいなと思ったんです。それから、花見とか温泉とか、「会津の三観音を巡るところりと逝ける」という〝ころり三観音〟巡りに行ったり。でも三回行ったらころりといく患者さんも本当にいたりして、それで毎年、五月四日に「追悼集会」って言いながら『阿賀に生きる』を見て、ゲストを呼んで、その後温泉旅館で宴会をするっていうことを続けてきました。そしたらだんだんチカちゃんみたいに若い人がどんどん参加してくれるようになったんです。みんなあの映画のファンでいてくれるし、もっと言えば餅屋の加藤のじいちゃんを好きな人、遠藤さんを好きな人、芳男さんを好きな人、そういう人たちが集まって、映画の世界がずっと続いている気がするんです。水俣病の問題を越えた人の縁が繋がっていく。そういうものは、福島の原発事故にもやっぱり繋がるんじゃないかなと思うんです。事故や事件というのは、いっときですぐに忘れる。だけど、人の縁というのはそうじゃない。みんなに「死ぬまで付き合ってね」って言われたけど、死んでから二五年経っても追悼集会をやって、うまい酒を飲んでる。こんなの本当にバチ当たりなんだけども、でも実はとても大事なことなんじゃないかなと思っています。

――映画に出ている方達が亡くなられても、佐藤真監督が亡くなられても、いろんな地域での上映も続いてますし、何よりも映画が生まれたその場所で映画が根付いている。この土地にこそ必要な映画として見続けられています。ところが世界中を飛び回ったこの映画が、阿賀野川流域では、地元では水俣病のことを言ってほしくないということで、長いあいだ上映が難しかったと伺いました。それが二〇一五年から「阿賀野川遡上計画」というプロジェクトで阿賀野川沿いの公民館などを借りて上映する活動を、これも阿賀野川の河口、松浜で生まれた私と同世代の平岩史行さんが発起人になって実行されました。こういう映画のあり方は、私自身、作り手として本当に希望です。

『福島に生きる』は可能か

――『日常と不在を見つめて』に書かれている赤坂さんの文章で、私がいちばん自分に突きつけられていると感じたのは、「この見えない世界を、映像はいかにして映しとるのか。わたしには答えがない。しかしそこにこそ、『福島に生きる』が生まれなければならない必然が見え隠れしているのだ、と信じてみたい」という部分でした。『阿賀に生きる』はその地域にスタッフの人たちも住み込んで、患者さんたちもその地を離れずに暮らし続けるということができたから作られた映画でもあったと思います。そんななかで、『福島に生きる』は可能なのか。まず放射能という、カメラにも映らない、映すことができない問題、その土地に行ってもそこで暮らすおじいちゃんおばあちゃんには会えないかもしれないという状況の中で、『福島に生きる』を撮るということについて、私はずっと引っかかっていました。いまの福島をずっと見続けていらっしゃるお立場として、赤坂さんはこのことについてどう思われますか。

赤坂　この文章を書いたときは、新潟水俣病と福島の原発事故の影響を重ね合わせられるかどうかを考えていたんですが、いまの時点では、やはり随分違いますね。まず有機水銀が侵すのは自然の中の川だけです。だからその魚を食べた人たちに障害が出るわけだけど、放射能汚染は、僕は〝山野《さんや》河《か》海《かい》〟という言葉をずっと使ってますけども、つまり人間たちは、山や野や川や海をいろんな形で利用させていただきながら、農というものを成り立たせている。その山野河海がまるごと汚染されてしまっている地域というのは、有機水銀による被害とは相当レベルが違います。だから、家屋敷の周りを除染して、さあ住んでくださいと言われても、その背後に広がっている山野河海は、もう除染なんかできないで取り残されてしまっている。昔の生活になんて戻れやしない。だって、キノコも山菜も食べることができない。山野にいるものたちを狩猟という形で捕っていた人たちが、どんどん狩猟免許を返しているというのは、殺しても食べることができないということです。我々が体験したことのないレベルの災害、しかも人間が作り出してしまった巨大な災害の中に巻き込まれているということを前提に考えざるを得ない。

　もうひとつは、難民、棄民が生まれているということです。人が住めなくなっている。水俣病の場合は難民になったり棄民になったりしているわけではなく、人間は傷ついた自然の傍にとどまって、なんとか暮らしや生業をつないでいくことができる。やはりそこも違います。そして、この映画は佐藤真さんら若者たちが七人、農作業を手伝いながら、住み込みで食わせてもらいながら作った映画です。そういうことができる環境は今の福島にはない。福島には特有の困難があると感じています。でもいっぽうで、水俣病も目に見えるものじゃなくて、この映画全体を見ることによって初めて見えてくるものがある。曲がった指のシーンばかり集めれば新潟水俣病が見えてくるのかといったらとんでもないことで、そういう意味では新潟水俣病だって見えない現実、見えない出来事だからこそ、こういう映画が成り立ったんだと思います。そういう意味では福島だって、見えない現実を映し出すのが映画や芸術なのかもしれない。だから見えないということに絶望して、今ここに起きていることは表現できない、と言ってしまうのはきっと違うんですよね。きっと違うんだということに少しずつ気づきながら、でも僕は時間がかかると思う。それを表現に定着して、人々が落ち着いてそれを受け止める余裕はまだない。

二〇一五年にノーベル文学賞を取った『チェルノブイリの祈り』で、著者は現場で死にゆく人たちの惨憺たる状況を聞き書きしながら、それを表現の形態にのせることができずに、あがいてあがいて一五年くらいかかってようやく表現できるようになったそうです。起きてしまったことが途方もない出来事で、それを定型的な表現や定型的な言葉の織物の中に取り込むなんて、たぶんできない。だからきっと時間がかかる。でも、それをきちんと文学や映画といった表現の中にあらわしていく仕事は絶対に大切です。佐藤真さんの『阿賀に生きる』という映画があったことによって、僕らは対話したり、いろんなことができている。震災の後、言葉が溶けていってしまいました。政治の言葉、経済の言葉、科学の言葉が実にいい加減で我々をごまかしてばかりいる。だから、文学の言葉や芸術の言葉、映像の言葉、そういう言葉こそが我々を深いところで、長い時間かけて支えていってくれるんじゃないかと改めて感じるようになったし、少しずつそういう言葉が、表現が、生まれてきています。それを支えたり、育てたりすることが必要なんじゃないかなと思って、僕は柄にもなくいま、アートに深く関わるようになっています。

――「時間がかかる」というのは『阿賀に生きる』という映画そのものも教えてくれていることです。水俣病の公式発表があってから二四年後に佐藤さんたちも阿賀に住み始めました。今更新潟に行っても何も映らないし、遅いという話をされながらも、旗野さんは「このおじいちゃんおばあちゃんたちをそのまま撮ってくれたらそれでいいんだ」と説得して、佐藤真さん自身もそういう気持ちがあって、あの場所に表現が生まれました。水俣病の発生からだいぶ時間が経ってからこの映画が出来たということもとても大事なことだと思います。佐藤真さんの作品は、福島や東北の地域で、現在に問いかけてくるものがたくさんあると思っています。ですから、今回福島で上映ができて本当に良かったです。

赤坂憲雄（あかさか・のりお）　一九五三年生まれ。民俗学・日本文化論。学習院大学教授。福島県立博物館館長。東京大学文学部卒。東北芸術工科大学教授として東北文化研究センターを設立し、『東北学』を創刊。二〇〇七年『岡本太郎の見た日本』（岩波書店）でドゥマゴ文学賞受賞。同書で芸術選奨文部科学大臣賞（評論等部門）受賞。『異人論序説』『排除の現象学』（ちくま学芸文庫）、『境界の発生』『東北学／忘れられた東北』（講談社学術文庫）、『東西／南北考』（岩波新書）、『性食考』（岩波書店）など著書多数。

旗野秀人（はたの・ひでと）　一九五〇年新潟県阿賀野市（旧安田町）生まれ。新潟水俣病問題で新潟水俣病安田患者の会事務局を務める。映画監督佐藤真に声を掛け、映画『阿賀に生きる』を誕生させた仕掛け人。新潟水俣病の患者さんたちの暮らしを伝える「冥土のみやげ企画」代表。本業は家業の大工を継ぎ、旗野住研取締役社長を務める。「冥土のみやげ企画」として『あがの岸辺にて　１９８１年新春号 復刻版』、里村洋子著『丹藤商店ものがたり』『阿賀の岸辺から 柳水園ものがたり』『瓦職人・新潟水俣病未認定患者 渡辺参治さんの聞き書き 安田の唄の参ちゃん』などを刊行。

スタッフで集まり、作業場「阿賀の家」で映像チェック
（撮影：村井 勇）

旗野秀人×永野三智

「遅くきた若者」だからできること

新潟県阿賀野市で新潟水俣病の未確定患者さんとの関わりを続けてきた「安田患者の会」の旗野秀人さんと、二〇〇八年に熊本県水俣市の一般財団法人水俣病センター相思社の職員となり、患者相談を担当する永野三智さん。発生から二〇年以上経った当時、すでに「遅れてきた」と佐藤真らが言われた『阿賀に生きる』が映し出した、定型ではない「水俣病」の像。それぞれのスタンスで水俣病と関わり続ける二人による対話は、未来を見据えるものとなった。

（聞き手：清田麻衣子）

「今更新潟に何を撮りに行く気だ？」

――『水俣病Q&A』は、九六年開催の「水俣・東京展」のために佐藤真監督がつくった映像作品です。このなかに登場する映像の多くは土本典昭監督が水俣で撮ったものです。本作と『阿賀に生きる』のことから、旗野さん、お話をいただけますでしょうか。

旗野　私の本業は大工なんですが、新潟県の阿賀野川中流域の安田町の出身で、七二年から、安田町で水俣病の未認定の患者さんと一〇年くらい認定申請と裁判闘争に関わっていました。でもだんだんと「システム闘争」みたいなものでは捉えきれない患者さんの宝物（たからもん）話があると感じるようになりました。のちに『阿賀に生きる』で捉えた世界ですが、こういうものは運動では表現できない。熊本・水俣には石牟礼道子さんがいて、土本典昭さんがいて、表現者がいっぱいいるのに、新潟には誰もいない。それで裁判もやりつつ、八一年に、ガリ版刷りで友だちと一緒に『阿賀に生きる』の聞き書き集『あがの岸辺にて』を作ったんです。その三年後、水俣で『無辜なる海』というドキュメンタリー映画の助監督として、上映のために新潟へ来た佐藤真さんと出会います。そこで私と佐藤さんが盛り上がって映画を作るという話になるんです。水俣でドキュメンタリー映画といえば、土本典昭監督がデンと構えていて、佐藤さんは当時まだまだ駆け出しもいいところ。新潟でこれから水俣病に関する映画を撮るということを、佐藤さんは土本さんに表敬訪問というか、仁義を切りに行くわけです。ところが、六五年の新潟水俣病の発生からすでに二〇年くらい経ってますから、「今更お前は新潟に何を撮りに行く気なんだ」とクソミソに言われてベソかいて帰ってきた。それで二人でヤケ酒を飲みました（笑）。私は、「水俣病」っていう言葉は使わないで、患者さんの日常をとにかくそのまま撮ろうよと、佐藤さんに飲んだ勢いで一生懸命言いました。佐藤さんはその意味はよくわかってくれたんだけども、現実的にどうすれば映画になるのか、そのときはまったく見えていなかった。だけど、素人は怖い（笑）。そこから仲間を集めて試行錯誤でいろんなところからカンパしてもらって、『阿賀に生きる』は八年がかりで九二年になんとか完成しました。

川本輝夫は近所の優しい「じいちゃん」

――佐藤真監督は、大学時代に水俣の現状を知り、福浦地区に移り住み、『無辜なる海』の撮影に参加します。そのとき佐藤監督は、この漁師の方々の素晴らしさを何故伝えられないんだろうと、旗野さんが新潟で感じられたようなことを、外から来た人間として思われた。佐藤監督が大学時代、水俣で最初に訪れたのが、今、永野さんが在籍しておられる、水俣病センター相思社でした。永野さんは、八三年に水俣に生まれ、一度水俣から離れて、大人になってから水俣に戻って相思社に入られます。その経緯と動機をお聞かせいただけますか。

永野　『水俣病 Q&A』を見ていて懐かしかったです。映画ができた九六年ごろの水俣は、当時一二、三歳の私が見ていた風景です。原田正純さんが歩いたような風景はもうなくなっていて、補償金で建ったであろう、大きな家が並んでいる風景の傍の、六畳と四畳のボロ屋で私は生まれました。裁判闘争のリーダーである川本輝夫さんのお宅は、私の生まれた家から四軒隣で、お孫ちゃんをおぶって散歩している「じいちゃん」が私の中の輝夫さんです。私自身は中学を卒業した後に、家族と離れてひとりで水俣を出ました。

旗野　川本さんが運動をしていることは知ってたの？

永野　知りませんでした。本当に近所のじいちゃんという感じで。洗濯物や大根やタケノコを干したりしているところもよく見かけました。ちなみに、私の弟と川本さんが溺愛してたお孫さんが同級生で、うちに遊びに来たお孫さんを川本さんが迎えに来て、いっしょにアメちゃんをもらうようなこともありました。

旗野　今の話、とても好きだな。新潟では川本輝夫って、過激派って言われてたの。で、それと付き合ってる旗野も過激派ってことになってた。こんないい人なのに（笑）。でも川本さんって、実は家族孝行で、すっごく優しい人なんですよね。運動の切り口ばっかりで見られてるから世間ではそんなふうに言われるけど。

永野　私は二四歳で相思社に入ったんですが、その時に初めて、川本さんの出ているDVDの映像を見て「なんで怒ってるんだ、じいちゃんは……」って思ってしまった（笑）。でもそこから私は川本さんの人生を追いかけ

『阿賀の家』にてスタッフ全員で。後列左端が佐藤真。後列中央が小林茂（撮影：村井 勇）

ていくことになります。私が生まれる前から我が家にいた〝カバ〟という名前の犬は、東京で自主交渉派の人たちが飼い始めて、みんなの心を癒して、役目を終えてうちに来たということも、それから知りました。うちの裏には胎児性の水俣病患者の方が住んでいて、私の親と同世代だったので、家に遊びに来たりしていました。彼女のこどもの頃からの夢は保育士だったそうで、私たちきょうだい四人は目いっぱい愛されました。いっぽうで近所のお婆ちゃんのところに遊びにいくと、「水俣患者は働かんでチッソから補償金をふんだくって」って言いながら通帳を見せてきて「私はチッソで働いてこんなにお金を貯めた」っていう露骨な場面にも出会いました。友だちからはうちに患者が来ることをからかわれたりもして、水俣病ってなんだろうって思いながら育ちました。

私が最初に「水俣病」というものをはっきり感じたのは小学校五年生の時でした。家族でタイ旅行に行ってホテルのプールで遊んでいたら、成人したお兄さんが二人来て遊んでくれたんです。「東京から来た」というお兄さんたちに、私が「水俣から来た」と返した瞬間、お兄さん二人が顔を見合わせて、「え、伝染るんじゃない」と言ってザーッてプールから上がって行っちゃったんです。「私から何が伝染るんだろう」って思いながら、そのときのことは親にも先生にも友達にも言えず、中学まで過ごしました。そして中学に上がってから「水俣病汚い、触るな」って言われたときに、お兄さんたちが私を避けた理由がストンと自分の中に落ちました。中学卒業後に、水俣の外に出ると、「水俣出身」とは言わずに近隣の「鹿児島県の大口市の出身です」と言ってアルバイトをする（笑）。水俣出身者がいても、お互いにわかりつつ何も言わないような感じでした。中学を卒業したときに思っていたのは、「水俣病患者がいるから私がこんな目に遭うんだ。水俣病が全部悪い」ということでした。今考えるとひどいですよね。小さい頃から胎児性水俣病の人に可愛がってもらったり、川本さんの家の近所だったりしたにもかかわらず、そんなふうに考えて暮らしていました。今、自分がこんなところで水俣病の話をしてるっていうのは、「水俣病から逃げおおすぞ」と思っていた当時の私からしたら、考えられないですね。

生活者の視点で水俣病問題の本質を見る

――中学を卒業して水俣から出たいと思ったのは、「ここはもう嫌だ」というお気持ちだったんでしょうか。

永野「こんなところ嫌だ」も含めて、いろんな事情が重なって、出ました。

旗野　私も新潟が嫌で一度出たから、同じだなあ(笑)。

永野　私の場合は旗野さんのようには考えずに、のらりくらりしながら過ごしていたんです。でもその後、こどもを産み、悶々としながら子育てしていた二〇歳のときに衝撃的な出来事がふたつあるんです。ひとつは、障害をもった人たちと出会ったこと。もうひとつは、二〇〇三年に溝口行政訴訟という裁判に出会ったことです。溝口秋生さんは実は、私の幼い頃からの書道の先生でした。この訴訟は溝口先生が原告一人で始めた裁判で、二〇〇一年に提訴して二〇一三年に最高裁判決で勝訴をして終了します。二〇〇三年の時点ですでに三〇年間、溝口先生はお母さんの認定を争っていました。溝口先生の息子さんは、実は胎児性水俣病患者でした。当時私は四歳だったらしいです。原一男監督の映画『水俣曼荼羅』で溝口先生が言っていました。でも私は先生の家に通って書道を習いながら、まったく存在を知らなかったんです。私にとって、それまで溜めていたものがバーンと爆発したような感じでした。その後、毎日挨拶を交わしていた近所のおばさんや幼馴染のお母さん、こどもの頃、夏にカブト虫のおがくずをもらいに行った木工所のおじさんや川本輝夫さんの奥さんもそうですが、ただ水俣に住んでいるだけだと思っていた、つまり水俣病とは関係がないと思っていた近所の人たちが水俣病を罹患していたり、闘っていたんだということを知り、衝撃を受けました。

そしてだんだんと障害をもった人たちや水俣病のことを「学びたい」という欲が湧いてくるんですが、大学に行くのは違う。こどももいるし、お金もない。そこで、こどもを連れて沖縄から障害者施設を転々とすることにしました。出会った人の家に親子でお世話になる生活でした。沖縄で出会った方々から聞く水俣の歴史はスッと頭に入ってきて、こどもの頃にはわけのわからなかった周辺の人たちの言動や悲しみの正体がなんであったのかを少しずつ理解し、そのぶんだけ水俣への「愛」みたいなものが積み上がっていくような時間でした。そういう時期を経て、その後水俣に帰った理由のひとつは、こどもが「小学校に行きたい」「家が欲しい」って言い出したからなんです(笑)。

旗野　家なき子だ(笑)。

永野　こどもが五歳の誕生日に、「誕生日プレゼントはほんとの家が欲しい」って言うんです。私も実は精神的にも体力的にもボロ雑巾のように疲れ果てていて、最後に思いついたのが「もう絶対に帰らない」と思っていた水俣だった。こどもには苦しい思いをさせたなと思います。帰った当初は地域の大きな病院に勤めました。でも勤め始めて驚いたのは、検査技師さんとか看護師さんが、「水俣病患者がいるからこの町が暗くなる」と言うんです。「裁判をやっている人はすぐやめて欲しい。チッソが負けて補償金を払って潰れでもしたら、もう翌々週にはこの町の人口は半分になる。あれもこれもできなくなる。この病院もなくなる」「テレビに出る患者は恥ずかしい」なんていうことを言う人もいました。その病院は患者検診、つまり認定申請をする患者さんの検診をする病院なんです。それまで医療従事者は患者の味方だとばかり思っていたのに、思ってもみない一面を見てしまった。そしてしばらくして相思社に入りたいと思い、「相思社ってどんなとこですか」って病院の人に聞いたら、「ニセ患者製造所よ」って言われてびっくりしました（笑）。

相思社に入ったのは二〇〇八年です。まだ裁判中だった溝口先生の暮らしを支えたいと思ったんです。私には裁判をする溝口先生が孤立しているように見えました。結局、こども時代も今も先生には私が支えてもらえっているんですが（笑）。（※溝口秋生さんは二〇一七年九月一二日逝去。享年八五歳）それと、自分のコンプレックスの根っこがなんであるかを知りたいと思いました。それまで水俣では、学校でも地域でも水俣病はタブーだという意識がありました。私自身がよそで水俣出身であることを隠して暮らしていたので、相思社に入ると、水俣病についてごく普通に語る人たちの姿を見て、不思議な開放感がありました。そういえば、初めて裁判の傍聴に行った時もそういう開放感を味わったなと思います。相思社に入ってからはずっと患者担当をしています。患者の方やその家族の差別が厳しかった頃のことを聞いたり、近年、患者だと名乗りを上げた方の胸中を聞いたりしています。

——水俣市の学校では、水俣病について、たとえば広島の平和教育みたいな教育はないんですか？

永野　私の小学校時代は、先生から「あなたたちは水俣出身だっていうことでバカにされたりとかいじめられたりするかもしれないから、それに負けないように強くなりなさい」と言われました。娘の同級生の親と何年か前、一緒に温泉に出かけたときに、靴を脱いだら白い靴下の先が真っ赤で、血が滲んでいるんです。「壁にぶつけたけど気がつかなかった」って。常に頭痛がするとか、震えがあるとか、そういう症状を持っている親たちの現在進行形の水俣病の隣で、こどもたちはどんなふうに水俣病を捉えているのかなと思います。

二年ぐらい前に県立水俣高校で講演の依頼をされたとき「できるだけ誇りを持たせる授業をしてください」と言われたんです。そこで、生徒たちに「水俣出身だって言える？」と聞いたら、四〇〇人中一八〇人の生徒が「水俣出身だと言えない」って言うんです。ある子は「私は水俣が大好きです。自然も豊かで人も優しくて。だけど、水俣出身と言えない自分が大嫌いです」って。私が一〇代だった頃と、何も変わらないと思いました。

旗野　みっちゃん、あ、みっちゃんって言っちゃった。（「いいです」と永野さん）みっちゃんの話を聞きながらいいなぁと思ったのは、まずお母さんになってから水俣に関わったっていうことね。俺はそれがすごくいいことだなと思う。しかも、溝口さんのことを「書道の先生」って言うでしょ。あの当時、みんな和解してるのに唯一溝口さんは徹底抗戦で最高裁まで闘っていて、運動の切り口で捉えられてる人ですよ。その人をみっちゃんは「書道の先生」って、要するに生活者として患者である溝口さんと付き合ってる。そしてそのままのスタンスで相思社に入った。ちょっと手前味噌ですけど、『阿賀に生きる』のなかに出てくる餅屋の加藤のじいちゃんに私は「そんなバカみたいな運動やるな。まずちゃんと大工として一人前になること。それから嫁さん連れて来い。でなきゃもう来るな」って言われたの。要するに生活者として自分が一人前になれたならまた来いって。世のため人のためみたいなことで、運動なんてやっちゃいけないんだとピシャッと言われたんですね。そういうことを、三〇歳になるまで誰も言ってくんなかった。加藤のじいちゃんは私にとって尊敬するおじいちゃんだから、すぐに嫁さん探しました。それですぐ結婚（笑）。じいちゃんも喜んでくれて、私たちの結婚式とじいちゃんたちの金婚式を合同でやったの。そんで新婚旅行も一緒に連れてけとか言われて、六人くらいで新婚旅行に行きました（笑）。とにかく「水俣病患者」という以前に生活者としての付き合いをして見えてくるもんじゃないと、何も見えなくなっちゃうんですよ。「患者」が先に邪魔して。だからみっちゃんも大変だったろうけども、やっぱりお母さんになって良かったし、お父さんなんていなくても大丈夫なんです。ハッハッハ。

永野　（笑）。

「遅く来た若者」だからできること

――佐藤真さんは、患者さんたちから話を聞くのに三年かかったと言います。永野さんの場合、「患者相談」という立場ですが、どんな心構えで、どんなふうに患者さんと接されているんでしょうか。

永野　私は言葉を返せないことばかりなんです。カウンセリングの教育を受けたとか聞き取りの研修を受けたわけでもないので、とにかくただただ、聞くのみということが多いです。とにかく聞き手になる。話したいことを話してもらう。ただ、相思社に入ってしばらくした頃に、認定患者のご家族で、七〇歳くらいの方がワッて泣きながら、お墓に持っていこうと思っていたという辛い経験を話されたんです。その話は私自身、トラウマみたいに後々まで残りました。日々、いろんな話を聞きながら私の救いになってるのは、日記をつけることなんです。日記をつけて一日のことを発散して、次に向かうみたいな感じで。（※この日記や機関誌『ごんずい』で連載した『患者相談雑感』に大幅に加筆した書籍が、『みな、やっとの思いで坂をのぼる――水俣病患者相談のいま』（ころから）として二〇一八年九月に出版）補償を受けたから終わりではなくて、その人の人生はずっと続いていくわけで、だけど一度補償を受けると、もう日本の社会には無かったことみたいに葬られていく。最近いいなあと思うツールは、SNSです。個人がわからないようにして、その日にあったことを綴ると、誰かが返してくれる。Ｆａｃｅｂｏｏｋは、「不幸の手紙」って呼んでいるんですけれど（笑）、それを読むことで、次の人がドーンッて落ち込んでいく。だけどここで声を出している人がいて、その人の声を引き受けた者が発信して、引き受けた者も、それをまた引き受けた者もドーンッてなってドーンッてなって……と、シェアされていく。「いま何人くらいドーンッてなったかな」なんてことを私は思いながら（笑）、立ち止まること、考えること、誰かを想うこと、それも必要なことだなと思っているんですよね。

――なるほど。『阿賀に生きる』のその後で興味深いのが、旗野さんの「冥土のみやげ企画」が主催して毎年五月には、亡くなる患者さんの「追悼集会」として『阿賀に生きる』を安田町公民館で上映していますね。

旗野　九二年の春に映画が完成して、翌年九三年の春、四月一〇日に、私が最も尊敬する患者さんの、餅屋の加藤のじいちゃんが亡くなりました。そして後を追うように、おばあちゃんが同じ年に亡くなる。私は大変ショックだったけれども、恩返しみたいなことをとにかくやらなきゃと思って、すぐに追悼集会をやりました。その年から始めて、二〇一七年で映画が二五年、追悼集会が二五回目です。全国の『阿賀に生きる』ファンが来れるよう五月四日に開催していて、毎年北海道から九州まで、今では『阿賀に生きる』が出来た頃に生まれたような若い人も一〇〇人ぐらい、みんな勝手に毎年来てくれるんです。必ず午前中は『阿賀に生きる』を無料で観てもらって、午後からはいろんなゲストのお話を聞いたり、歌ったり踊ったりみたいなイベントをやって、夜は宴会。そして次の日はお墓参りですね。「追悼集会」と言いながらまったく縛りがないから楽しくてしょうがないってみんな言うんですね。

『阿賀に生きる』が出来て二〇年の節目の時には、やっぱりフィルムを残そうっていうことで、また全国からカンパを募って、ニュープリントを作りました。そのときできた『阿賀に生きる』と『阿賀の記憶』の二本のフィルムがなんと国立近代美術館フィルムセンター（現国立映画アーカイブ）で保存してもらえることになった。管理さえ良ければ、やっぱりフィルムの方が長持ちするらしいんです。そんなこんなで気がついたら、結構、若い人が次から次へと私の周りに来て手伝ってくれるんです。映画に使われなかった三五時間分くらいの膨大なフィルムを、今、若い人たちが自分たち流に繋いだりして二〇一六年九月の長岡国際映画祭に発表することになって、毎月のように私のところに集まって準備しています。そして、『阿賀に生きる』のベースになった『あがの岸辺にて』という、水俣病の患者であり、阿賀野川とともに生きてきた人たちの暮らしを聞き取った聞き書き集も、三五年ぶりにこの春、復刻しました。その原動力は追悼集会をきっかけに集まってきた若い人たちがガリ版刷りの当時の本を見て面白がってくれて「作り直しませんか」って言ってくれた。これまで私は常に熊本に引け目を感じていたんですけが、そういうことじゃないんだなぁと思いました。みんなそれぞれのスピードとか、やり方があって、無理しちゃいけない。マスコミは『阿賀に生きる』を「新潟水俣病三家族のドキュメンタリー」とかって、どうしても書きたがるんです。でも私と佐藤さんは最初「水俣病っていう言葉を使わないでドキュメンタリーをつくろう。とにかく生活を丸ごと残そう」みたいなことを、一生懸命話し合いました。「水俣病」という言葉を使うことによって観る人を限定してしまうんじゃないかと。でもだからこそ、たぶん二五年経っても、あちこちで、ずっと観てもらえているんだと思います。

二〇一六年で一〇〇歳になる渡辺参治さんという、安田患者の会の最長老で、民謡が大好きで、寝ても覚めても民謡を歌ってるおじいさんがいます。町のなかの人たちからは「ニセ患者の代表」なんて言われてる（笑）。まったく水俣病患者らしくない方で、へーチャラでいっつも歌ってる。その参治さんが一〇年前の米寿のお祝いに、『うたは百薬の長』っていうタイトルのCDを作りました。まさか一〇〇歳まで生きるとは思わなかったですけど（笑）。去年の追悼集会では参治さんが人生で最初に覚えたという「博労唄《ばくろううた》」を唱ってくれました。参治さんもそうですが、患者さんからは、水俣病患者という、こっちから強いる像がいちばん危険なんだっていうことをいつも教えてもらっています（※渡辺参治さんは二〇二〇年七月二日逝去。享年一〇四歳）。私も佐藤さんも、土本さんに滅茶苦茶に言われた当時、若かった。そして遅かったんです。でも常に若い人たちは「遅く来た」って見ら

長谷川さんが大切にしていた田んぼ（撮影：村井 勇）

れるものなんですね。でも私だってもう今年で四五年も新潟水俣病と付き合ってることになる。ただその繰り返しかなっていう気がするんです。だから決して遅いということはない。みっちゃんも、いろいろあって、お母さんになったから相思社に入ることになったような部分もあると思う。だから、不思議なもんで、ほんとにいいタイミングで水俣に戻れたし、相思社に入って、新しい風を吹かせた部分もあったんだと思います。

永野　私が相思社に入ったのは〇八年でした。七四年に水俣病患者・家族の拠り所を作りたいという思いから設立された相思社は、八九年に甘夏事件（※相思社は寄付金に頼らない運営を目指し、水俣病患者家庭果樹同志会が栽培する低農薬の甘夏を販売し、運営資金としていた。しかし生産量が注文量に追いつかず、断りは入れたうえで、基準値以上の甘夏を買い求め、販売。しかし封入するチラシには基準内の甘夏であることを示す旨、記されていたことが告発により発覚。水俣病運動の理念に基づく甘夏販売だっただけに、社のあり方を問う事態に発展し、この事件により当時の理事全員が辞任、職員の半数が退職した）ということがあって、それ以降、患者さんとは一線を引いて距離をとる状態になってしまった。もう同じ失敗を繰り返さないぞという決意のもと、どう相思社を立ち直らせていくかと、模索していた時期だったんだと思います。その直後に、ちょうど真ん中の世代の方々が抜けて、六〇代のスタッフと二〇代の私、というバランスになって。そんなこともあって「好きなことをやれ」という感じで、患者対応に力を入れてもいいということになっていきました。

そんな状態だった相思社に入った私が近所を歩いていると、いつも可愛がってくれるおじさんが「誰々が認定されたからまた水俣病が盛り上がり始めた」などと言ったり、「水銀条約に『水俣』っていう名前をつけるのはやめさせろ。それができるのはみっちゃん、お前しかいない」なんて焚きつけられたり（※「水銀条約」とは正式名称「水銀に関する水俣条約」。一三年に締結された水銀及び水銀化合物を使用した製品の輸出入を規制する国際条約。水俣病のような水銀による健康被害や環境汚染が起きないよう規定を設けた）。

日本には四大公害病以外も存在する

永野　さっきの旗野さんのお話を聞きながら、つい三日前に患者さんから言われたことを思い出していました。相思社が発行している機関誌『ごんずい』一四一号に掲載されている方なんですが、初期の患者の方で「奇病だ」「伝染るかもしれない」と言われていた時期のお話を聞かせてくださいました。家の前をお母さんがこどもに「口を塞ぎなさい」と言って走って行く。お店に行っても火ばさみで商品を渡されて、「団扇にお金を入れて置きなさい」と言われる。私、普段は患者さんのお話を聞いているだけなんですが、このときはポロッと「どう解釈していいのかわからない」って言ってしまったんです。そしたらその方は「こどもの頃、母親が山で仕事をしてアケビや野イチゴを獲って帰ってくる。すごく美味しくて、すごく幸せだった。家族の記憶は幸せな記憶しかない。だから水俣病だからって、不幸だとは思わないでね」と。それを聞いてドキッとしてまた何も言えなくなったんですが（笑）。その後、「償う」ってなんなんだろう、何ができるんだろう、誰に責任があるんだろう、ということを考えたんです。そんなことを考えていたら、市民の責任とか、患者の責任というのを問いたいんだと思うようになりました。

新たに相思社にやって来た患者の人たち、最近手を挙げた人たちに対して今、「あの頃、あなたは何をしてましたか」ということを聞いてるんです。それはたとえば、「患者の人たちが座り込みをしていた時にあなたは彼らのことをどう見ていましたか」とか、「初期の患者が発生した頃はどうしていましたか」とか。「かわいそうだと思ってました」って言う人が大半なんですけど、なかには、「汚いと思っていた」とか、「腐った魚を食べた人がなる病気だから俺はならないって思っていた」と言う人もいます。やっぱり最初の頃に学者が出した説（※チッソの工場排水に含まれる有機水銀が原因ではないとする諸説）は、これだけ今でも影響力があるんだなとつくづく思います。そのほかに「患者に唾を吐きかけた」なんていう人もいたりする。そういう人たちの罪って明らかになっていかないのかなあということを考えているんです。

うちのこどもが小学校六年生の時に学校で長崎に行って戦争について学んできたんです。帰ってくるとこども達は、「戦争はいけないと思います」「被爆者がかわいそうだと思います」と同じトーンで声を揃えて言うんですが、これ、ちょっと怖いなと思ってしまったんです。それがきっかけになってその年にこどもと一緒にアウシュビッツに行って日本人の案内人の方に案内をしていただいたとき、そこで言われた言葉がずっと残っていて。「国の責任、県の責任、市の責任を問い終えた。そしたら次は、市民の責任を問う段階だ」と。かたや水俣では、いまだに声を上げる患者が増え続けて、二万四千人の人口のうち一万二千人、六五歳以上の八〇%がなんらかの補償を受けているという状況にもかかわらず、今になっても水俣病のことを普通に語ることができないという異常さ。なぜ今になっても語れないのか。それぞれが語り始めるということに委ねられてる部分がある。「あの時何を感じていましたか」と問われることで、扉が開かれるということもあるんじゃないかなと思うんです。そして、そんなとき、問いは自分にも向かってきます。毎日苦しい。私の場合、「水俣出身であることを隠しました」「患者が悪いと思ってました」と(苦笑)。

そして、私が今やりたいなと思っているのは四大公害病(水俣病、新潟水俣病、イタイイタイ病、四日市ぜんそく)以外の公害病を知らせたいということなんです。我が子に「日本の中で公害病ってどのぐらいあると思う?」って聞いたら「四つ」って答えたんです。それを聞いて「宮崎県の土呂久砒素公害もあるんだよ」とか、「三池も北九州も長崎も、どこもどこもひどいし、苦しみは同じなんだよ」って話をするんですが、なかなか母親の言うことは聞かない(笑)。四大公害って単に一九六〇年代の後半という同じ時期に公害裁判を提訴して原告側が勝訴した。それが教科書に載った。つまり「四大公害病」ではなく「四大公害裁判」というところから来ているんですよね。だけど、今の教科書の記述ではあたかも四つしか公害がないように載っている。四大公害だけが特別扱いされている気がして、これ以外の公害病がこれだけ日本全国にあったということ、今も苦しんでいる人たちがいるということを紐解いていきたいなと思っています。

(二〇一六年八月二〇日　場所:福岡市・西南学院大学)

永野三智(ながの・みち)　一九八三年熊本県水俣市生まれ。二〇〇八年一般財団法人水俣病センター相思社職員になり、水俣病患者相談の窓口、水俣茶や、りんごの販売を担当。同法人の機関紙『ごんずい』に「患者相談雑感」を連載する。二〇一四年から相思社理事。翌年から常任理事。二〇一七年から水俣病患者連合事務局を兼任。『みな、やっとの思いで坂をのぼる 水俣病患者相談のいま』(ころから)は初の単著。

DATA

阿賀に生きる

一九九二年（一一五分）

監督：佐藤真　撮影：小林茂　録音、語り：鈴木彰二　撮影助手：山崎修　録音助手：石田芳英　助監督：熊倉克久　音楽：経麻朗　整音：久保田幸雄　録音助手：菊池信之

◎新潟水俣病の舞台ともなった阿賀野川流域に暮らす人々を、三年間にわたって撮影した。新潟水俣病という社会的なテーマを根底に据えながらも、そこからはみ出す人間の命の賛歌をまるごとフィルムに感光したエンターテインメント・ドキュメンタリーの傑作。

水俣病 ビデオQ＆A

一九九六年（三〇分）

監督：佐藤真　企画：水俣・東京展　製作：シグロ、水俣フォーラム　語り：宝亀克寿　音楽：鈴木大介　使用作品：土本典昭全水俣シリーズ（青林舎）他

◎土本典昭の全水俣シリーズを素材に水俣病に対する八つの質問に答えるアーカイヴ・ドキュメンタリー。質問が平易であればあるほど、国家と医学の不可解な闇の深さと水俣病事件のわかりにくさが伝わる。

家庭の中へ／表現とは何か

神谷丹路

プライベートな世界を撮ること

『阿賀に生きる』完成後、「日常を撮る」という佐藤真の関心の先に、そのカメラが自らのプライベートな空間に向いた時期があった。「映画監督になるなんて思っていなかった」という、パートナーで、日韓史研究者の神谷丹路は、高校時代に佐藤真監督を知り、その後結婚。家族としての佐藤真、そしてプライベートフィルムを撮った当時の様子などを語った。

（聞き手：清田麻衣子）

人を巻き込んでいく才能

——佐藤さんと神谷さんの出会いはいつ頃だったんでしょうか。

神谷　彼と出会ったのは友だちの結婚式でした。そもそもは都立高校の、一年先輩、後輩という間柄で、高校時代、彼はちょっとした有名人でした。髪の毛がもしゃもしゃで、背が高くて、活動が目立つというより風貌が目立つという感じでした。文化祭で毎年八ミリ映画を発表するクラスが一学年上にあって、彼はその映画の中で、何かバカなことをして走り去る、みたいな役をやっていて、あれが佐藤真っていう人だくらいは知っていましたけども、高校時代は特に接点はありませんでした。ちなみにその映画の監督さんは、彼ではなく、別の方（伊藤敏朗さん）です。それから一〇年くらいしてから、共通の友人の結婚式で会って、はじめて話をしました。そのときは「ああ、水俣で映画を撮っている佐藤真さんですね」という認識で、彼も私のことを人づてに知ってくれていたようで、そこからお付き合いが始まったわけですね。そのころは、香取直孝監督の『無辜なる海』の助監督をしていて、作品が完成し、北海道、東北、北陸の上映活動がようやくひと段落したくらいのころだったと思います。角刈りで、イメージがだいぶ変わっていました。

上映活動の途中で新潟の旗野秀人さんに出会い、「次は新潟で映画を作るんだ」ということを盛んに言っていましたね。ですから、彼の話を聞きながら「面白そうな映画ができるんだなあ」とわくわく感じていました。私もドキュメンタリー映画はもともと好きで、小川プロの作品とか、ちょこちょこ見ていたので「映画を作るんだったら、それなら応援するわよ」という感じでした。それからすぐ結婚しましたけれども、結婚した時はドキュメンタリー映画監督と結婚したとは思っていなかったんです。当時彼は一般の大学を出ただけで、映画の勉強をしたことがないので、映画の現場を知らないと、と言って、岩波映画のご出身の各務洋一監督の助監督についていました。まあ、見習い奉公ですよね。月のお給料が五万円だったのを覚えています。

――神谷さんは当時すでに、日韓史の研究をされていたんですか？

神谷　日韓関係、韓国関係のちょっとした仕事はずっとしていましたが、当時は会社員として出版社の編集者をしていたんです。月々のお給料は、いいほうではなかったけれども彼に比べればありました。二人分合わせれば、まあ生活は出来るわね、というようなレベルでした。新しい生活が始まったのが、八六年。住む場所も私の勤めていた会社が巣鴨にあったので、通いやすい場所ということで、北区の滝野川一丁目という都電荒川線の駅近に小さなアパートを借りて住み始めました。しばらくは彼のほうは映画を「撮る、撮る」と言いつつ、修行時代で、まだ何も始まっていませんでした。

――その当時、佐藤さんは「ドキュメントシネクラブ」という映画を観る会を組織されていたんですか？

神谷　当時は、映画って一六ミリのフィルムでしか観られなかったんですね。ビデオもないしＤＶＤもない頃です。阿賀野川の映画を撮るためにドキュメンタリーの勉強をするのだということで、都立日比谷図書館の映像ライブラリーや公共図書館のライブラリーだと無料で貸し出していたので、そういうところの作品を中心に観ていました。それでも会場と映写機を借りるとなると費用もかかるし、映画って一人で観るものじゃなかったし、「ドキュメントシネクラブ」という名前の団体を作って仲間たちに声をかけて。週末の夜、二〇人弱くらいの映画好きの人たちが集って月一回ペースで開催していました。要するに彼が自分が観たいと思う映画を借りてきて、みんなで観るわけです。映画を観たあとはいつも飲み会です。私は観る側の一人として毎回楽しく参加していました。名作やら問題作をいろいろ観ました。

――その当時、佐藤さん作成の版画カレンダーというものがありましたが、その活動とも関連がありますか？

神谷　『無辜なる海』のパンフレット（七四頁の冊子。採録シナリオとともに水俣の暮らしと闘いがコンパクトにまとめられていて好評だった）を彼が編集したんですが、表紙絵に版画が使われているんですね。二色刷りのタコ漁の漁師さんの味のある版画です。彼が自分で彫って摺ったそうです。うまいんですよ。もともと好きだったのか、あるいはそれに味をしめたのかわからないですが、その後ことあるごとによく版画を制作していました。絵だと下手なのがすぐバレるけど、版画だといけるんだ、とかなんとか言って。その後、東京・水俣病を告発する会（春日町）の維持費をなんとかしなくてはいけないということになって、「水俣版画カレンダー」というグループを立ち上げたんですね。一二人以上メンバーが集まって、一二カ月分のカレンダーの原版ができると、あとはひたすら手刷りで三〇〇セット、毎年暮れになると作っていました。それを一〇〇〇円か一五〇〇円くらいの値段で売るんです。いつの間にか周りの人たちを巻き込んで、そのうち、周りの方たちのほうが中心を担ってくださってました。岡野友紀さん、鈴村多賀志さん、木村さん……。そうやっていろんな方といっしょに、何か作り上げていく、活動していく様子は、傍で見ていても天才的なところがあるなあと思いました。

――そしていよいよ『阿賀に生きる』の制作へ本格的に移っていかれる？

神谷　各務監督の仕事の合間、一、二カ月に一週間とか十日とか、新潟の旗野さんのお宅の離れに居候させて頂きながら、阿賀野川に彼が一人で通う期間が一年間くらいありました。その後「阿賀の家」という拠点となる民家を三川村に借りて、前後してスタッフも決まり始めました。家を借りてからスタートまでにさらに一年ありました。と言っても、本格始動まで彼は東京と行ったり来たり。そしてようやく「阿賀の家」にスタッフと住み込んで、二年がかりで撮影をし、その後編集に、もう一年かかったという、そんな経緯でした。

――ご結婚された直後で、その状況に苛立つことはありませんでしたか？

神谷　いえいえ。まだ子どもたちが生まれる前だったので、私も仕事の合間によく撮影時期の「阿賀の家」には遊びに行っていました。地元の温泉にもあちこち行ったし、冬は村営スキー場でスキーもしたし、けっこう楽しんでいました（笑）。てんてこまいになるのは、子どもたちが生まれて子育てが始まってからですね。私は「映画ができたら、子どもも生まれたことだし、普通に働いてくれるんだろうな」とずっと思っていました。すべては「まあ、映画ができるまでの辛抱」と。まさか彼が映画監督になるとは思っていませんでした。彼は、「映画を作りたい」とは言ってましたが、映画監督になりたいとは一言も言ったことはなかったですから。

映画というのは、多くの人たちとの仕事の積み重ねですが、彼は若い頃から強いリーダーシップで人を引っ張るタイプではなかったですね。若い時はいつも人の後ろのほうに立っているような感じでしたよ。信じられないでしょうけど、無口で（笑）。背が高いから後ろのほうに立っているのは見えるんです。でも誰かを押しのけて喋るというふうでもない。『阿賀に生きる』の最初の頃は資金集めのために、スタッフみんなでいろいろなところを回るんですよね。一応監督だから、今度どういう映画を作って、どういうふうにみなさんに協力して頂きたいかということを喋らなければいけないのに、そういうのも本当に苦手でした。映画が完成した後になると講演会もたくさんこなして、話も上手くなって、人って変わるんだなあと。初めの頃はむしろカメラマンの小林茂さんのほうが監督のような押しの強さがあって、お話も上手で、どっちが監督かなっていうような調子でした。

——完成してあれよあれよと評判になって、その当時の日々はめまぐるしかったですか。

神谷　東京の上映は六本木の劇場で大掛かりに公開するという仕掛けになったので、リスクも大きく、チケットを相当数、前売りで売らなければいけない条件だったみたいで、けっこうしんどそうにしていました。東京上映のために、新たに借金もして。ところが蓋をあけてみたら、好評をいただいて……。その後は次々に取材もあるし、各地で上映もあるし、ずーっと忙しかったです。二年ちょっとくらいしてようやくひと段落というか、熱気が冷めていく時期があって。次の作品のことは考えていたとは思うんですが、まだこれというものもなく、その時期にわりと小さな作品をいくつか作るんです。他の方の映画の編集もしていました。

プライベートな世界を撮ること

——佐藤さんは日常にフォーカスして映画を撮ろうとされていましたが、カメラを向けるとなかなか人は普段の顔を見せてくれない。そこでスモールサークルに入り込むということが必要になってくると考えたといいます。そういったなかで、家庭という被写体にも興味がいった時期があったのでしょうか。

神谷　『我が家の出産日記』というテレビ東京で放映された映像があって、次女の出産までを撮影したものです。九四年ですね。でも実はその前に、九一年に長女が生まれる前後を八ミリで、私家版ですが撮っていたんです。新しい家族が増えるぞってことで、長女誕生の映像を二〇分ほどの作品にしたんですね。私が陣痛でうんうん言っているとき、あっちはファインダーをのぞいている。イラッとしますよね。ああいうとき男はどうしていいかわからないもんだけど、カメラをもつと落ち着くんだとか何とか、あとで言い訳してましたけど。飯田橋のラマーズ法の助産院で出産したのですが、そこの出産準備教室で、出産を控えるお母さんお父さんたちに向けて一度上映しました。その流れで今度二人目が生まれるっていうんで、また撮りたくなっちゃったんでしょうかね、映画監督っていうのは。

——どこまでカメラは入ったんですか？

神谷　両方とも分娩室までです。ただ『我が家の出産日記』は地上波での放送ですから、それなりに仕上がってます。お産当日の朝、私のほうはどんどん陣痛がきて、あんまりいろんなことを考えられなくなっている。私は早く車で産院へ出発してほしいのに、それからやおらスタッフに「(出産は)お昼頃だと思うよ」と電話している。もう産まれるっていうくらいのとき、我々のほうが先に産院に着きました。お産の最後のときって一分ごとに陣痛が来て、あとはもう生まれるだけという状況になるんですが、カメラクルーたちがその最後の状況のとき、分娩室に入ってきたんですね。その瞬間「あ、今着いたのか」って私の意識がお産から離れてしまった。あとで助産師さんに聞いたら、「せっかく一分間隔のところまで来ていたのに、あの瞬間、五分間隔とか十分間隔に延びてしまってびっくりしましたよ」と。お産ってどれだけデリケートなものかっていうことを思い知りました。そ

新潟県安田町（現・阿賀野市）の阿賀野川近くにて（撮影：神谷丹路）

れ、すごく危険なことだったんですよ。でもおかげさまで無事に娘は生まれました。家に帰ると、私のほうは生まれたばかりの赤ん坊の世話で大変なとき、彼は番組にするための編集をやっているわけです。ひと月くらいだったでしょうか。徹夜続きで明け方頃帰って来る。でも、終わるまでは「まあ、しょうがないな」と思っていました。最終的には微笑ましい作品に仕上がってましたが、彼は彼でテレビ局のプロデューサーとの軋轢がいろいろあったようで、もうちょっと違うものを作ろうとしていたらしいです。放映ぎりぎりの最後の日、明け方に帰って来て、愕然とした表情で「なんか大変なものを作っちゃったよ」と。つまり大変な駄作を作ってしまったという意味だったんですね。そう言って、まだ暗い明け方に呆然と佇んでいたのを覚えています。

――『保育園の日曜日』と『女神さまからの手紙』は保育園の日常を撮ったプライベートな作品ですね。

神谷　『出産日記』を撮ったあとぐらいから、子どもたちを撮りだしたんです。子どもはいいんですけど、私まで。彼は「子どもプラス家庭の中」という世界を考えていたようで、私も入ることになる。ところが家庭の中を撮られるというのは、これはほんとうに、大変なストレスで

「子どもを撮ってね」と、何度も押し問答をしました。そしてだんだんと家族会議というようなことを経てようやく「保育園を撮る」というようにシフトしていきました。娘たちが通っていた保育園がとてもオープンで、父母との関係も良く、風通しがいいところだったんですね。『阿賀に生きる』の監督の、澪ちゃん萌ちゃんのお父さん」ということは保育園の先生たちもみんな知っているし、父母の人たちもよく知っていてくれて。手持ちのカメラを持って朝、娘たちを送りに行っては、その延長でずっと保育園の中を撮ったりしていたので、「なんか佐藤さんが今度映画つくるらしいよ」みたいに話題になって。彼はこれまた「おやじの会」と称して、保育園のお父さんたちに呼びかけて、半分遊びなんだけれども、そういうふうにお父さんたちと一緒になってつくったのが『保育園の日曜日』です。その次に撮った『女神さまからの手紙』は東大の表象研の学生のゼミ生たちを連れてきて、保育園で撮影してました。

――そちらが、舩橋淳さんがお手伝いしたほうですね。

神谷　そうですね、でも、ちゃんとした枠組みじゃないんです、いつも。なんとなく、そのとき周囲にいる人達を巻き込んで何かやるというのが、彼のスタイルで。ともかくそうやって、保育園を舞台にして、二作つくったんですね。その小さい作品の後に、『まひるのほし』をシグロの制作で撮ることになります。

――『おてんとうさまがほしい』という作品の編集もその時期でしょうか。

神谷　一時期、そういうプライベートな世界を撮るほうに行った時期がありましたね。『おてんとうさまがほしい』も照明技師の渡辺生さんのプライベートフィルムを編集した作品です。これは編集だけの参加でしたが、彼は編集については何か確信をもっていましたね。「編集で映画が出来上がるんだ」ということを何度も言っていたのを覚えています。よく現場のスタッフの方々は、彼は現場では何も指示しないって皆さんおっしゃいますが、好きに撮ってもらって出来上がったものを編集で映画に仕上げる、そんな彼なりの自負があったんでしょうね。

――『おてんとうさまがほしい』という作品は、照明技師の渡辺生さんが、アルツハイマーになった奥様との日々を撮った作品です。だんだん痴呆が進んだ奥様が、やがて施設に入ることになって、でも施設の方にすごく良くしていただいた。そこで渡辺さんは本当に良くお世話して下さったという施設の方々への感謝の気持ちを伝えたくて、それを一本の作品にまとめたいということで佐藤さんに編集を依頼した。渡辺さんはプロのカメラマンではないので、フィルムが飛んだり、光線が強すぎたり、映像としてはミスとも言える部分があるのですが、佐藤さんはそういった部分を、奥様への思いが溢れているという観点で捉えられた。渡辺さんご自身はそういった捉えられ方には抵抗があったそうですが、観客としては、ナレーションも何もないのに、妻への愛情があふれた素晴らしい作品として感激しました。

神谷　私としては、ほのぼのとした、ご家族が「良かったね」というようなフィルムにしてあげればいいのにと思いますが、やっぱり映画作品にしちゃうわけですよね、彼は。でもたぶんその頃だと思いますが、日本のドキュメンタリー映画監督がプライベートフィルムに向かおうとしていることについて、彼も異を唱えたりするようにもなって、私としては、「助かった」という思いでした。

――実は今日、その後の作品で『花子』と『エドワード・サイード OUT OF PLACE』で編集をご一緒された秦岳志さんがここにおられます。

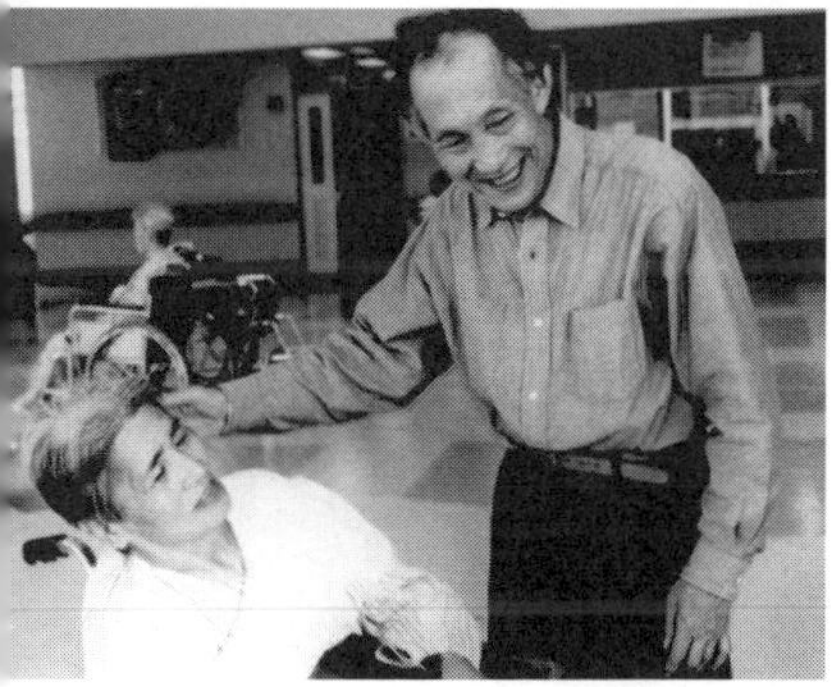

©「おてんとうさまがほしい」製作委員会　1994年

秦　『花子』の時はシグロという制作会社の編集室で作業していました。佐藤さんは当時、基本的に昼間の時間帯に作業して、夕方になると「保育園のお迎えがあるから」と言って、私を置いて帰られる（笑）。私は当時、映像の業界で仕事を始めて一〇年くらいでしたが、あのころの男性の働き方としては珍しかったんですね。そのころ、私は子どもがいなかったので、そういう仕事の仕方があるんだと驚きましたが、その時の佐藤さんの姿が、私の今の仕事の仕方につながっています。神谷さんのお話を聞いていて、当時のそんなご様子を思い出しました。特に『エドワード・サイード OUT OF PLACE』という作品は、北区から西東京市に引っ越されて、お宅に編集室があるということで、私が毎日ご自宅まで通って作業するということになりました。次女の萌ちゃんが午後になると帰って来て、佐藤さんに「この漢字なんて読むの？」みたいな質問をいつもしていたのを思い出します。お昼ご飯も夜ご飯もご一緒にさせて頂いて。毎晩サラダが出るのがすごく印象的で、私はそのご飯に影響を受けて、今でも家では毎晩サラダを作っています。

神谷　うちの家の一室が編集室になっていて、朝一〇時頃に秦さんと、もうひとり、助監督の石田優子さんがみえて、佐藤真と三人で編集室にこもって仕事が始まるんですね。そしてお昼頃に、私もその頃は家で仕事していたものですから、四人でお昼ご飯を食べる。

秦　お昼は佐藤さんが作るんですよね。

神谷　そうでしたね。昼食の後また編集が始まって、夜の七時頃になると子どもたちも一緒にみんなで夕飯を食べて。それから夜一〇時くらいまで編集をしてましたね。そういう期間が半年間くらいずっと続きました。お世話になりました。

秦　こちらこそ。『花子』という作品の今村さんのご家庭と、佐藤さんのご家庭とが、今の私の家族というもの、あるいは子育ての原点と言いますか、ロールモデルになっています。ほんとうにありがとうございました。

（二〇一六年一〇月一九日　会場：横浜シネマリン）

神谷丹路（かみや・にじ）　東京都生まれ。一九八六年に佐藤真と結婚。二児をもうける。韓国語翻訳、日韓関係史研究。訳書に尹興吉『鎌』（安宇植との共訳・角川書店）、趙廷来『太白山脈』（安岡明子他との共訳・集英社）、『だまされたトッケビ』『よじはん よじはん』（いずれも福音館書店）、『ウジョとソナ 独立運動家夫婦の子育て日記』（里山社）など。著書に『韓国 近い昔の旅 植民地時代をたどる』（凱風社）他。

細馬宏通
意味よりも過程を見ていたい

『まひるのほし』『花子』という二つの映画で「障害者アート」と呼ばれるものを扱いながら、佐藤真はそれを美談として仕立てるわけでもなく、彼らが作品を作る過程や、作品制作以外の日常、はたまた作業所の職員、家族の暮らしに、じっと力メラを据える。人間行動学者の細馬宏通は、その佐藤の視点に、自身と重なる着眼点を多く見出したという。二作品のシーンを詳細に分析、解説しながら、その魅力と、佐藤真の考えに迫る。

（聞き手：清田麻衣子）

気持ちではなく段取りを観察する

――「障害者アート」「アールブリュット」「アウトサイダーアート」いろんな呼び方がありますが、そう呼ばれるものについて佐藤真監督の作品は『まひるのほし』と『花子』の二作品あります。細馬さんが佐藤真作品のどんなところに興味を持ったのか、細馬さんのご専門である人間行動学という学問との接点などについてもお伺いできたらと思います。

細馬　僕の専門は「人間行動学」といいますが、複数の人が寄り合って会話したり、共同作業しているところに行っては、その人たちはどんなふうに身体を動かしているか、声を出しているかを調べる仕事です。だから特別アールブリュットに関わっていたわけではないんです。それが、二〇〇六年に神戸で「音遊びの会」という、障害のある人を中心とした音楽のサークルに観客として参加したんですが、そこに僕の知らない音楽の創り方があるっていうことに気付き始めたら、もう面白くて。途中からメンバーになって、誰に頼まれたわけでもないのに彼らのことをウェブ日記に長々と書いていました。すると、それを見た人からいろいろ声を掛けていただくようになったんです。

僕はそれまで佐藤さんの作品を拝見したことがなかったんですが、二〇〇七年に亡くなられた後に追悼的な上映会で花子さんのお母さんである今村知左さんがトークに出られるとき、なぜか対談相手として僕に声がかかって、そのとき初めて『花子』を観ました。それをきっかけに、ようやく「アール・ブリュット」といわれる領域に関わる自分のスタンスが決まったんです。関心だけは以前からあって、スイスのローザンヌにあるアールブリュット美術館にも行ったことがあったんですが、そのときはどう捉えていいかわからなかったんですね。ヘンリー・ダーガーは面白いしすごいと思ったけど、それを語る言葉とか態度が見つからなくて、宿題みたいに自分の中にずっと溜まっていたんです。

――「どう捉えたらいいのかわからない」っていうのは、いわゆる「アートなのかなんなのか」ということでしょうか?

細馬　僕は美術畑じゃなくて、人間行動学っていう、人を観察する研究をしているので、アートを定義するっていう使命感はそもそもありませんでした。ただ、絵を見るのは好きだったんです。それでその美術館に行ったんですが、端的に言うと、どの作品も「重たい」。一枚の絵に込められたディテールがあまりにも細かくて、しかも膨大な量ある。半日居ましたが、三分の一くらいしか見ることができませんでした。ぐったりして帰ってから「この絵ってどれくらいの時間をかけて見たらいいんだろう」っていう素朴な疑問を持ったんです。僕から見るとても細かいところがいっぱいあって、しかもそれが全部謎で、僕が謎と思っていることに関しては全然説明がない。美術館のパンフレットには、その人がどういう障害を持って、どういう人生を歩んでいるかということばかり書いてある。でも絵の細部には、その人の人生観が記号のように記されているわけではない。言語化できないものがたくさんあって、それが僕には重たかったわけです。

そしたら、『花子』では、花子さんが並べた食べ物を知左さんが写真に撮っておられる。世間では「ごはんアート」と言っていたものが写っているわけです。ところがこの映画は、その知左さんが撮った写真をフィーチャーしているというよりは、その写真が今村さんご一家の生活の節目節目にパチリパチリと撮られている様を映している。「あ、そうか」と思ったんですよ。撮影された作品を僕が手前勝手に、精神分析みたいに読み取ろうとしたって無理だと。それは諦めようってまずは思ったんですね。

――解釈しないということですね。

細馬　映画を観てると、知左さんは花子さんの作品を〝アート〟って言っているわりに、すぐ片付けてしまうでしょう。トークをしたとき、「すごくドライですよね」って言ったら、知左さんが「だってピカソみたいに名前のある人の絵は残りますけども、普通は残らないですよね。だから片付けます」って。トーク会場にはアーティストを目指す学生さんもたくさんいたんですが、知左さんは「ピカソ以外片付けられますよ」って。残酷なこと言うな、この人、と（笑）。それが衝撃でしたね。大変いいなと思ったんです。楽になった。ごはんが並べられていたとしたら、そこにどんな気持ちを込めたとかじゃなくて、どうやって並んだのかを見ればいい。僕は、人間の行為を見るときに、この人がどんな気持ちだったかではなくて、この人はどういう段取りでこうしたのかを観察するのを仕事にしているので、この映画の撮り方は「自分のやっていることと同じだ」って思ったんです。

――『まひるのほし』も『花子』も、作業の過程をずーっと撮るのが特徴的ですよね。『まひるのほし』で、ただただクレヨンや鉛筆のこすれる音とか、音をしっかり録りながら、ひたすら繰り返しの作業を撮り続けたりします。「作業」というものに対して、細馬さんの関心領域と佐藤さんの関心領域は近かったのでしょうか。

細馬　すごく近かったですね。これも偶然なんですけど、『花子』を観た二カ月後に、知人が『まひるのほし』のシュウちゃんやユキエさんも含めたすずかけ作業所の人たちを招いて、大学生と一緒にワークショップをやることになったんです。そこに呼ばれていったら、これまた大変面白くて、そこでも描いている過程がひたすら楽しかった。たとえば『まひるのほし』のユキエさんは、ポンッて絵の具をキャンバスに置いて、絵の具が垂れるのを「あー」って声に出しながら見ている。あとで『まひるのほし』を観たら、佐藤さんが、この「あー」をすごく使っておられて。面白いのは、ドキュメンタリーなのに必ずしもその場の音声を使ってないんですよね。

――ずらしていますよね。

細馬　そう、わざとね。で、ユキエさんの「あー」をすごく効果的に使っている。たぶんユキエさんが言ってな

自作を前に微笑む舛次崇さん(シュウちゃん)。©「まひるのほし」製作委員会　1998年

いときも「あー」をボイスオーバーして、最後にユキエさんの絵を見せながら、また「あー」を流す。

僕も、ユキエさんの「あー」にすごくぐっときちゃったんですよ。ユキエさんは、垂直の壁やキャンバスに絵の具を置いていくんですが、ボンッて置くのはイントロに過ぎない。ユキエさんは、そこから垂れていく絵の具をじっと見てて、その間「あー」って言うんです。絵の具がたくさん垂れると長くなって「あーーーーーー」。「あー」の長さは大体絵の具が垂れる長さと同じなんです。これ、意外と難しいことなんです。大学生の子たちはユキエさんのやってるのを見て「あ、楽しそう」って真似るんですけど、本人たちが思ってるほどうまく真似られてないんですよ。彼らは適切に美術教育されてるから、垂れるほど絵の具を筆に含ませない。絵の具入れに筆を入れると、無意識のうちに切ってしまう。しかも、自分がぽんとキャンバスの上に置いた絵の具を鑑賞しないで、どんどん次にいっちゃうんですね。その結果どうなるかっていうと、色とりどりできれいだけど、ただ点がぽつぽつあるお行儀のいい絵ができちゃう。ユキエさんの「あー」は、実はユキエさんの絵ができていく時間の、肝心かなめの部分で、それはなかなか真似できないんです。

こういう話を、ウェブ日記にずらずら書いていて、あとで『まひるのほし』を観たら佐藤さんもやっぱり「あー」を執拗にピックアップしてるんです。やったーって思いましたね。

——なるほど、たしかに冨塚さんなんかも、刷毛に水を含ませるときに、筆洗いバケツのどこに筆を入れるのか、すごくこだわりがあって、違うスペースに順番に入れていく。あの繰り返しも含めて、冨塚さんにとっての描くという行為なのかなと感じました。描くだけだったら必要のない作業をいっぱいしていたりしますよね。

細馬　僕らは絵の具がもったいないとか時間以内に描かなくちゃいけないとか、そういうことに縛られて描いたり作ったりしてるところがありますよね。そこが違うのかな。冨塚さんもそうだし、シュウちゃんもそう。シュウちゃんの絵も、最終的に表面がボヤッとなっているのは、コンテで塗った後に、自分で表面をこすってるからなんですよね。何にも描いてないところもぼやーっとなってますけど、あれ、何してるかっていうと、コンテで、せっかく塗ったところを今度は消しゴムで消すんです。消した後にまたこするので、ただの白の画面じゃなくて、もやがかかったような不思議な画面になる。それは狙ってやっているというよりは、シュウちゃんの作業から出てきた表現なんでしょうね。こするっていう作業がたぶん彼は好きで、それが彼の画面の特徴を決定づけている。佐藤さんは、そのことがわかるように撮ってるんですよね。常識的な絵面だけを撮る人は、こういうところを撮り逃す。

深刻な人生だけが「本当」か

——障害を持っている人が頑張って取り組んでいるものはとても美しいっていう捉えられ方は、今でもそうだし、佐藤さんが映画を撮った当時はもっとそういう見方が大半だったんじゃないかなと思います。でも、佐藤さんも細馬さんも、そちらにフォーカスはしない。

細馬　そうですね。『花子』に至っては、作品よりも生活にフォーカスする。お父さんやお母さんの営みまで映しています。たとえば、お母さんの知左さんが、一人になって「ふう」って新聞読みながらお菓子をつまんでいるシーン。「あれ、私、映されてる?」って知左さんがカメラに近づくんですけど、こういう撮られる方の隙と撮る方の隙が映ってるところもショットとして採用する。

一階で花子さんが駄々をこねているシーンでは、その様子をずっと映すと思いきや、カメラは花子さんを置き去りにして二階へ上がって行く。撮影の大津さんの判断なのか、佐藤さんの判断なのかわからないんですが、とにかく、二階に上がると三味線の音がしていて、お父さんが階下のことなんか全然気にしないで呑気に三味線を弾いている。いわゆる「美しい障害者」を撮ろうとするドキュメンタリーでは出てこないシーンだと思います。佐藤さんの作品もそうですし、小林さんの『風の波紋』もそうですが、深刻なドキュメントになりそうなところで、よくあんなふうにカメラを動かすことができるなと思います。

――ほんとうにそうですね。深刻なドキュメントといえば、『まひるのほし』で、シゲちゃんとお父さんが自宅で会話しているシーンは、すごくさりげないですが、じつはシゲちゃんのお母さんがご自身で亡くなることを選択したことを、観る人が気付くか気付かないか微妙な描き方で描いている。

細馬　そうですね。ある種のサスペンスの語り方なんですね。そこもお母さんのことを描くというよりは、シゲちゃんがいきなりお父さんにとってはグサッとくるようなことを言っちゃうんですね。彼は自分が非常に不思議に思っていることを素直に。

――「お母さん、なんで居なくなっちゃったんだろう」とつぶやきますね。

細馬　そして、お父さんは、シゲちゃんに聞かせるというよりは、「いや、今のやり取りは」って半ばカメラにというか、観ている人に説明するように、亡くなった日のことを詳細に語り始めて、最後の言葉の部分はパッとカットしてる。

――「その時はもう……」というところで切れて、その後すぐに海のシーンに切り替わって、海に向かってシゲちゃんが「僕は、女の人が、好きだー！」と思いの丈を叫ぶ、思わず笑ってしまうようなシーンになります。劇的に撮ろうとしたら、お母さんのことをフォーカスして、シゲちゃんの闇の方にどんどん入って行くような物語になりかねないとも思います。そこをあえてずらす。私はこのシゲちゃんという人のことをそういう物語で語ってしまいたくないという、佐藤さんの意志をあの海のシーンに切り替わるところで感じました。

細馬　僕らはお母さんのエピソードを聞いたときに、たとえば「シゲちゃんの闇」っていうように、シゲちゃんの心にそれを起因させようとしますけれども、実はそれは観ている「僕らの闇」なんですよね。僕らがそういうお話、そういう親子の関係を聞いたときに、自分が抱えているであろう問題に引き寄せて、シゲちゃんを理解しようとする。そういうことを佐藤さんは忌避しようとしたんじゃないでしょうか。

――なるほど。

細馬　つまり、佐藤真は僕らが自分に引き寄せて、「かわいそう」とか、あるいは「壮絶な人生」とかいうふうに言ってしまいそうになる瞬間を、ばっさりカットした。シゲちゃんの「女の人が好きだー！」という叫びは、どうなるんだ、と。そっちは嘘で、深刻な人生だけが本当か？　っていうことですよね。だから両方撮る。『花子』もそうで、こういう映画では花子さんが自分で頭をガチガチ叩いてるところってあんまり撮らないようにすると思うんだけど、そこもバッチリ撮っちゃう。その一方で、いっけん何でもないような、知左さんと花子がただ歩いているだけのところも撮る。これも佐藤さんなのか、大津さんなのかわからないけど、結構離れたところから二人を撮っていると、知左さんが行こうと思っているのと反対方向へ花子さんが行こうとする。そこへうまいこと、自転車がヒューッと、二人の間を縫って走るでしょ。あれ、もうたまらんですね。赤の他人が「あ、この二人の間、通れる」と思って通っただけなんだけど、それによって二人の間がちょっと離れちゃったっていうことがわかる。

――ああ、たしかに。知左さんがテニスのクラブか何かに入っていてテニスしているところなんかも、可笑しいですよね。

細馬　テニス仲間の人が「台所の三角ネットの何がいい」って話すのを知左さんが聞いてるところなんかね。ああそうか、そういうことも日常にはあるよねって思う。

――知左さんの、花子さんといる時以外の日常が見えてきますね。

細馬　障害者の親御さんの生活にもいろんな時間があって、知左さんは普段、施設に花子さんを送った後は「はあ、ようやく一息」みたいな感じでテニスもするし、お父さんは喫茶店でのんびりしたりもする。ああ、それから、何回目かに『花子』を観て、改めてお姉さんの存在にグッときちゃいましたね。最後まで観ると、題字がお姉さんだったりして「やられた！」と思いました。

――障害者とその家族、特にきょうだいって特殊な関係性になることもありますよね。

細馬　そうですね。やっぱり自分よりもう一人の子に手がかかるし、両親ともそちらにつきっきりになることもあるから、それに対して嫉妬の感情が出てくるのは、きょうだいならごく自然なことだと思います。そういう感情と自分の中でどう折り合いをつけるかは、人によってさまざまでしょう。『花子』のお姉さんは、よくこういう微妙でクールな距離感を保てているなと思いました。映画に顔を出さないけど声は入ってることも含めてね。

――それはやっぱり今村家の人々の、花子さんに対する「普通さ」のなせる技なんでしょうか。お父さんはお父さんで我が道を行っていて。

細馬　そうですね。お父さん、有馬稲子が好きなんだけど、それをまた娘さんが「お父さんは有馬のおばさんにハマって」みたいな言い方をするのも面白いですよね。「有馬のおばさん」だって。映画スターも形無しだなあ、なんて観てる方は笑えちゃう。

僕、この『花子』っていうタイトルが実に味わい深いなと思うんです。主人公の名前を冠した映画っていっぱいあって、そういう映画は大抵主人公の内面を描いたり、主人公の生き様を見せつけたりする映画が多いんですけど、この映画ってどちらかというと花子さん本人っていうよりは、彼女のことを「花子」という名前で語っている人を見せている映画ですよね。お母さんはおそらく直接呼ぶときは「花子」とは呼んでなくて、「花ちゃん」。だけど、第三者に語るときには「花子」って言うし、それはお姉さんもお父さんもそうですよね。あの家族のみなさんが花子さんについて語るときに、「花子」という名を呼ぶ、そういうタイトルなのかなと思ったりするんです。僕らは何のために名前を持っているかっていうと、自分が名乗るためだけじゃなくて、何よりも誰かに呼ばれ、誰かによって語られるためなんですね。そういう意味で、この映画は名前が冠になっているんだなって思いました。よく考えると当たり前なんだけど、でもあんまりそういうスタンスの映画ってないですよね。

「何かを暴いてやろう」という野心がない

――周囲の人の存在なくして、花子さんやシュウちゃんの作品は成立し得ない。「これはアートなのか、なんなのか」っていうことを考え始めると、じゃあの周りの人たちの存在は何なんだっていうふうになりますね。

夕飯の残りで作品を作る今村花子さん。「花子」©シグロ　2001年

今村知左さん(右)と花子さん(左)が歩く遠景。「花子」©シグロ　2001年

細馬『介護するからだ』（医学書院）という本にも書いたんですが、障害をもった人から出てくる作品のほとんどは、一人の人が沈思黙考して描いたものではなく、職員の人、もしくは親御さん、近しい人との共同作業によって生まれてると思うんですよね。『まひるのほし』のシユウちゃんが描いているときに、はたよしこさんが傍で「どうする？　やめる？」とか言って、やめどきを話し合ってる。それをどこでやめるか、何をもって完成とするかを決めるのがアーティストなんじゃないのか、と思いたくなるんだけど、この映画で映されてるのはそんな話ではなくて、そのやめどきもお互いに話し合って決めればいい、それで出来た作品があって構わないっていうことだと思うんです。

実は最初に話した「音遊びの会」でも同じことが起きてるんです。「音遊びの会」っていうのは、知的障害のある人たちがミュージシャンと一緒に即興演奏するんですけど、即興なので、やめどきが決まってないんです。じゃどうするかっていうと、お互い見合って相手のテンションが切れたときにやめる。そして慣れてくると、子どもたちの方も僕の顔を見て、「あ、今力抜けたね」とかいうのを読み取るんですね。これがなかなか油断ならないのは、僕はやめる気ないけど、ふとテンションが切れるというか、ちょっとフッとなったときに、相手は「もういい？」みたいな合図を送ってきたりするんです。気が抜けたのを見抜かれちゃう。そんな調子で、「いつ終わるか問題」は、一人で決めるというよりは、複数の人で決めるんですよね。

僕は基本的に、複数の人が関わっている場所が好きなんです。複数の人のやり取りによって何かが達成されるっていうことが、とても不思議な感じがする。それは介護でもそうですが、介護職員と高齢者という関係性において、別に介護職員が一方的に介護しているんじゃなくて、高齢者が結構いろいろな手がかりを出して、それをうまく読み取った介護職員の人が、結果的にうまく介護できるわけです。

――たとえばどういう？

細馬　たとえば、食事介助をするとする。介護のビギナーの人って、すごく時間かかるんです。でもなんで時間がかかるのか、本人はわからない。施設で見てると、お年寄りの方は流動食を口に運ぶと、食べたくないとき、ちょっと口をつぐむんですね、それで時間がかかるんです。でも、職員の人は時間内に食べてもらわなければ困るので、もうちょっと頑張って近づけるんですよ。そうするとたまに口を開いてくれることもある。でも多くの人は嫌なんですよ。嫌だから口を閉じたまま「んー」って避けるんですね。そこでやめときゃいいのに、下手な人は、さらに追うんです。すると、お年寄りの方は、完全に顔を背けちゃう。僕らは食事するときってだいたい前傾姿勢ですよね。だけど、スプーンを口に近づけるとだんだん体が後ろに反って、椅子にもたれちゃう。人はそういう姿勢では食事をしません。だから、体を起こしてもらわなきゃいけない……とまあ、こういうことをやってると果てしなく時間がかかるんです。ところが、うまい人は流動食を口元に持っていって、頭が少し動いたところで、ひゅっとスプーンを引くんですよ。引くとどうなるかっていうと、「え?」みたいな感じでお年寄りの顔がちょっと前に戻るんです。そのタイミングで、「これはもう今、食べたくない。よし、お茶か? あるいはかぼちゃか? 人参か?」っていうふうに別の選択肢を探るんです。そういうとき、いったん拒絶したほうは、すぐ前にあるスプーンじゃなくて、次に食べたいものを目で探してるんです。その視線の先のものをとって差し出すと「あ、それ」みたいな感じでパクッと食べてもらえる。うまい人はそういうようなことをやってるんですね。

——ものすごく短い時間のなかでその攻防が行われているっていうことですよね。

細馬　一秒以内ですね。あっという間です。それくらいの速さで、お互いどれを差し出す、どれを拒絶する、どこを見るっていうことが決まっていくんですね。

——そこにいちいち気持ちがどうのっていうことを見出していては、間に合わないっていうことですよね。

細馬　そうですね。それに、あまり気持ちを解釈に入れるとロクなことはなくて。「あなた今、この食べ物を拒絶しようとしたでしょ。わたしはそれがわかるからこっちを選んだのよ」みたいなことを言い始めると、拒絶しようとしたっていうことに対して、遺恨が残りますよね。それにすごく時間がかかっちゃう。重要なことは、むしろ拒絶とか嫌だとか好きとかいう解釈を生むよりも速く、次に行くこと。それでスムーズに進むんですね。

——なるほど。ではこのあたりで、会場から何かご質問などありませんか?

会場　介護施設で食事介護をしている時に、高齢者の目線がどの料理を狙っているかが何秒かの間にわかったと仰っていましたが、そのとき、細馬さんはどこに座っていらっしゃったのでしょうか？

細馬　部屋の隅が多いです。実を言うと何が起こっているか、傍に居てもわからないんですよ。だからカメラを何台か据えて撮っているんです。これは難しい問題なんですが、傍で観察していて一発でそのすべてがわかるということはほぼないです。「今いいことが起こった」「今、たぶん僕が見逃していることが起こった」っていうのがわかる程度ですね。そういうときは、「何時何分何秒、後でこのビデオを見返せ」って録音に吹き込んだり、ノートに書いたりしてます。そして帰ってから別の角度から狙った映像を見ると、「ああこういう目線が動いてるね」って理解できる。それもコマ落としで見るんです。最近は動画もさまざまで、スマホでも撮れちゃうから、職員の人にその場で「今やっておられることで、ここがこうなってますよね」って聞くこともあります。

――そうなんですね。実は今ここに、『阿賀に生きる』の旗野秀人さんが主催する冥土のみやげ企画のメンバーであり、普段は認知症介護のお仕事をされている小林知華子さんがいらっしゃいます。細馬さんの『介護するからだ』を読まれて、実際ご自分も現場でそう思っていたという箇所があったと仰っていましたが。

小林　食事介護のお話でもそうなんですが、ベテランの職員さんは「これがこうだからこうしよう」みたいなことは思わないで、いつの間にかやっていらっしゃると思います。私もたぶんそうで、でも言葉にすればそういうことをやっているなと思って、すごく面白かったです。

細馬　佐藤さんの映画の撮り方の話と近いかもしれません。僕自身の研究のスタンスとして、現場で起こっていない理想的な方法を開発しようという意図は全然なくて、むしろ現場で発見するというつもりでいます。複数の人が何日かやり取りしていると、何かを発明するんです。その人たちは毎日毎日、やり遂げないといけないから、それを乗り越えるための、僕の知らない方法を発明しているはずなんです。だから見る側も、まずはそれを発見するつもりで見るわけです。ただ、日々の暮らしのなかでそうやって練り上げたことって、どうやってそうなったとか、どういう段取りでそうなったとか、いちいち人に説明する必要もないから、普段はたぶん、みなさん言語化されない。だから僕の仕事はそれを言語化することなんだと思ってます。

ご当人からすれば、言語化されたものを見せられても、

「あ、すごいな」って思うよりは、「あ、はいはい、それなら私やってます」ってたぶん思われる。それで僕はいいと思っています。実は、誰もがそれを出来ているわけじゃなくて、うまい人、下手な人はおられる。たとえばベテランの方がなんとなく「今日、この人、調子良いよ」って言われて、経験の浅い人が引き継いだら全然うまく介助できない、なんてことが結構ある。だから、ベテランの方が上手くやっているのを言語化するっていうのは、うまく出来ていない人にとってはそれなりに意味があるのかなと、思ったりします。その言語化されるできごとというのは、一秒くらいのすごく短いやりとりなので、なぞって出来ることじゃないんですが、目の付け所は少なくともわかりますよね。たとえば食事介助で、相手が反る前に、引けばいいんだ、くらいのコツがわかれば、あとはその人が自分で「じゃあどうする」って開発するでしょうし。

——精神論を説かれるよりずっと身になりますよね。

細馬　精神論とか気持ちの問題にすると「この人は私が気に食わないからだ」とか、「相性が悪い」なんていうふうになっちゃったりする。相性が悪いのをどうやって良くするのかって、簡単には答えは出ない。でも実際の動作のことだとわかると、ある程度は真似できますね。

——なるほど。

細馬　気持ちよりできごと、というスタンスって結構、佐藤さんが考えていることに似ているかなって思ったりしています。よくインタビューなんかで「絵を描くの好き？」「あなたにとって絵を描くこととは？」とか感想を聞きますけど、ああいうの見ると僕は「しらねぇよ」って思っちゃうんですよ。しかもそういう質問ってたいてい、描き終わって見ているときに聞くでしょう。僕はどっちかっていうと、描いている真っ最中に起こっていることに興味があるんです。佐藤さんの映画を観ると、まさにその真っ最中が撮られている。しかも、本人だけを撮るわけじゃないんですよね。そこに関わっている職員さんをかなり映している。シゲちゃんと関根さんだったり、あるいは前日にシゲちゃんがつねったりしたらしい職員さんとのやり取りとかね。作品に直接現れていない相互行為もまた「真っ最中」なんですね。いわゆるアールブリュットのドキュメンタリーって結構あるんですけど、こういうところを映している人は珍しい。佐藤さんの撮り方、編集の仕方を見ていると、何かを暴いてやろうとかいう野心があんまり感じられないんですよね。

結果的には僕らがちょっとドキッとしちゃうようなことも語られているんだけど、それをことさら「窺い知れなかった真相をわたしは発見したのだ」みたいな撮り方はしてない。ずっとカメラを構え続けていたら、ついそれがポロっと撮れちゃった、という感じです。社会悪を暴くという姿勢ではないですよね。

——障害者アートの作品をどうにかして理解しなきゃいけないっていうことに苦しんでいた人たちは、この映画を観て解放される部分はあるかもしれません。

細馬　そうですね。で、解放されたらめでたしめでたし、かというとそうではなくて、じゃあ他の、僕らがいわゆるアートって言っている作品は、ただ完成した絵だけを見て「きれいだな」で終わるのか？　これはどういう作業を踏んできたのか？ってのが気になってくるわけです。

『花子』を観て知左さんと話したことがたぶん大きなきっかけなんですけれど、僕は、以後、そういう作品を紹介するような機会に呼ばれると、「ご本人に会わせてください」という感じで、ほうぼうの作業所に行くようになりました。滋賀にはしがらき青年寮だけじゃなくて、いろいろな施設があるんですけど、そういうところに伺って実際に描いたり作ったりしているところを拝見すると、無類に面白いんですよね。今も『まひるのほし』と『花子』の世界に捕らわれ中という感じです。

（二〇一六年一一月二〇日　会場：フォーラム福島）

細馬宏通（ほそま・ひろみち）　一九六〇年兵庫県生まれ。人間行動学者。早稲田大学教授。著書に『浅草十二階 塔の眺めと〈近代〉のまなざし』（青土社）、『今日の「あまちゃん」から』（河出書房新社）、『ミッキーはなぜ口笛を吹くのか アニメーションの表現史』（新潮選書）、『介護するからだ』（医学書院）、『二つの「この世界の片隅に」マンガ、アニメーションの声と動作』（青土社）、『いだてん噺』（河出書房新社）、『うたのしくみ 増補完全版』（ぴあ）ほか共著、翻訳書など多数。バンド「かえる目」のギター&ボーカルとして四枚のオリジナル・アルバムもリリースしている。

我が家の出産日記

一九九四年（四五分）
演出：佐藤真　共同演出：宮崎まさ夫　撮影：岩田まき子　編集：和田至亮　プロデューサー：斎藤友護（テレビ東京）、鎌倉悦男（国際放映）　制作、提供：国際放映
◎「どこにでもある普通の暮らしをテーマにしたい。そんな話をしたら我が家を撮るはめになった。軽い気持ちでテレビ局に企画を出したら通ってしまった。かくてこの日から八ミリビデオで家族日記をつけることにした──」。次女出産のため妻・丹路さんが入院。家に残された天真爛漫な二歳児・澪ちゃんと頼りないお父さん。そこから始まる抱腹絶倒、怒涛のような一週間。

おてんとうさまがほしい

一九九四年（四七分）
制作・監督・撮影・照明：渡辺生
構成・編集：佐藤真、おてんとうさまがほしい制作委員会
◎照明技師、渡辺生がアルツハイマーを患う妻にカメラを向け、自分と病の妻と向き合った日々を記録した。編集の佐藤真は白とびしたフィルムを使い、溢れる妻への思いを表現する。

保育園の日曜日

一九九七年（二〇分）
監督：佐藤真　製作：豊川保育園おやじの会　撮影スタッフ：相内津、井上史浩、城野剛史、船橋淳、邱淑淳、劉文兵、吉田賢一　ピアノ伴奏：佐々木洋子

女神さまからの手紙

一九九八年（三〇分）
監督：佐藤真　製作：長倉徳生
撮影：佐藤真、吉田賢一　現場録音：吉田賢一　録音：菊池信之
スタジオ：シネマンブレイン、スリーエス・スタジオ　機材協力：三木秀則、野澤友宏　挿入歌：「こままわしの歌」（作詞・作曲：千葉敦子）「北風のおじさん」（作詞：佐々木洋子　作曲：千葉敦子）
演奏：佐々木洋子
◎私家版の八ミリフィルムで撮影された2作品。娘の成長記録とみずからの生活の記録から、映画としてのフィクションが新たに立ち上がってくる遊び心あふれるドキュメンタリー。

DATA

まひるのほし

一九九八年（九三分）
監督：佐藤真　製作：「まひるのほし」製作委員会　製作：山上徹二郎、庄幸司郎　撮影監督：田島征三　撮影：大津幸四郎　録音：久保田幸雄　助監督：飯塚聡　撮影助手：藤江潔、須原秀晃、山田武典、谷中重樹　録音助手：清家利文　録音応援：菊池信之　プロダクションマネージャー：佐々木正明　製作事務局：鏑木亜樹、服部素子　宣伝：土岐小百合、角倉小百合

◎登場するのは七人のアーティストたち。彼らは、知的障害者と呼ばれる人たちでもある。神戸・武庫川すずかけ作業所、神奈川県平塚・工房絵《かい》、滋賀県信楽・信楽青年寮で、創作に取り組む彼らの活動を通し、芸術表現の根底に迫るドキュメンタリー。

花子

二〇〇一年（六〇分）
監督：佐藤真　製作：山上徹二郎
撮影：大津幸四郎　録音：弦巻裕
編集：秦岳志　編集協力：青山昌文　製作デスク：鏑木亜樹、田口敏之、石田優子　プロダクションマネージャー：佐々木正明、アソシエイト・プロデューサー：小川真由　宣伝：中円尾直子

◎京都に暮らす花子は、知的障害者のためのデイセンターに通う一方、夕食後には畳をキャンバスにたべものを絵の具のように並べるという日課を欠かさない。母は六年に渡ってその「たべものアート」を写真に撮り続けてきた。花子と彼女を取り巻く家族の物語。

不在を撮る

保坂和志

見つめられないものこそ日常

佐藤真の三作目は、写真家、牛腸茂雄の同名写真集を題材に映画にしたという『SELF AND OTHERS』。本トークの聞き手を務める山本草介は、本作を学生時代に観て強い衝撃を受け、その勢いそのままに佐藤に手紙を書き、しばらくの期間、佐藤の助監督を務める。現在も本作を「なんとも言葉にならない」という山本は、保坂和志の小説を読んだ時にも近い感覚をおぼえたという。映像と文学、異なる表現ながら、保坂和志が感じた佐藤真へのシンパシーとは。

（聞き手：山本草介）

「背景」に関心がある人

——保坂さんの小説もどんな小説かって聞かれると、僕にはちょっと説明が難しくて、「日常を描いていて、面白いんだよ、体温が上がるんだよ」みたいな話をしてしまうんです。それで今回、保坂さんが、佐藤さんのことやこの映画を知っているかどうか、まったく考えずにいきなりDVDを送りつけて、この上映のトークに出ていただけないかと、ちょっと暑苦しい手紙を書きました。そしたら保坂さんから後日電話がかかってきて、「出ますよ」っておっしゃっていただいて、今日の運びとなりました。まずお聞きしたいのは、保坂さんは『SELF AND OTHERS』をこれ以前に観たことがあったんでしょうか？

保坂　なかったです。それでDVDを送ってもらって、うちで二回観たんだよね。そして今日、映画館で観るのは初めてだったけど、まず、まったく退屈するところがない。

——牛腸茂雄さんがどんな人かっていうことが、この映画では最低限しか描かれていないし、写っている人が誰なのかもよくわからないし、結構わからないことだらけな気がするんですけども、それでも「退屈しなかった」と感じられた？

保坂　そういう「わからないこと」を気にしないからだよね。この映画は『SELF AND OTHERS』という牛腸茂雄の写真集が映画のもとになっているわけですが、家でDVDで観ていたとき、この映画ではあの写真集のなかで写真がどういう順番に並んでいるか、説明されてないんだなと思ったわけ。でも、映画館で観ると、映画の最後に、写真集が最初のページから全部映ってることに気がついた。ここがミソでさ。

ものを認識するとき、地図の「地」と「図」で認識するという話なんですけど。たとえば、ポートレート写真があるとする。壁の前に立ってるその人の顔は「図」になって、後ろの壁は「地」になるんですね。「図」で注目しない背景の部分が「地」。これは、耳で聞くとすごくわかりにくいから、言葉を言い換えたほうがいいと思うんだけど、注目する場所とその背景、記号とそうじゃないもの、意味がすぐ伝わるものと、意味としては伝わってこないものとかいう感じです。僕は、この映画を二回観終わったくらいの時に、佐藤さんという人は「地」と「図」の話で言うところの、意味のないほう、大雑把に言うと、「背景」に関心がある人なんだなって思ったんです。里山社の『日常と不在を見つめて』という本を読んでたら、一二四ページに佐藤真自身がその「地と図」のことを、一言、書いてるんだよね。子供というのは地と図がはっきり区別されないと。佐藤さん自身も「地と図」っていうことを頭の片隅には置きながら、映画や他のいろんなものを見てたと思うんだよね。ポートレート写真があって、背景の壁のほうを見ちゃったら、その瞬間に「地」は「図」になっちゃう。だから、DVDを観ていた段階において、僕が写真集の『SELF AND OTHERS』の全体像がわかんないって感じていたことが、映画館で観たときに、最後のシーンで写真集のページが全部写っていたことで、僕の中で背景として機能した。最後に写真集が写っていたという、僕が記憶してない記憶というか、経験があったから。そこが「地と図」の面倒臭いような、面白い関係なんです。だから佐藤さんがドキュメンタリーを撮るときに、自分の焦点が合うほうや、ものばかり見ていては、ドキュメンタリーは撮れないって、きっと思ってただろうなと。ただ今度はその（見えない）空間のほうに気持ちが行っちゃったらそれが対象になっちゃうから、そっちが「図」になっちゃうわけ。だからそこで撮りたい対象を「図」にさせないようにいかに背景を見続けるかっていうことにおいて、佐藤さんはドキュメンタリー作家としては稀有な人なのかなって思いますよね。そして、この『日常と不在を見つめて』、なかなか得るところの多い本でね、この本に寄稿してる諏訪敦彦、昔からの知り合いなんで「諏訪」って気楽に言っちゃうんだけど、その諏訪の文章でこういうのがある。

「佐藤さんの『トウキョウ』は、門下の若い作家によって幾つかの作品に結実したものの、その膨大な構想が未完であったために、佐藤さんの模索した新しいドキュメンタリーの形は具体的な存在として残らなかった。しかしその未完の映画『トウキョウ』がどのような可能性に開かれていたのか、それを想像し続けることで映画の後退に抗いたいと思う」（『日常と不在を見つめて ドキュメンタリー映画作家 佐藤真の哲学』二一五頁より）

すごく大きな何かがあって、それを映画とか写真とか言葉っていう形にする。大きなもの、姿を掴みきれないものが常にあるんだ、という意識を持ち続けることの面白さを、この佐藤真の映画で改めて思いました。

それは、ある時は『阿賀に生きる』という形になったりもする。現実の阿賀と接することによって、そのぼんやりは出来てくる。作品って全部そうなんだけど、それを成り立たせるのに、何かを言いたくなるような、考えさせられるような巨大なものがある。諏訪は佐藤さんが残したカタカナの「トウキョウ」っていう映画の構想に巨大なものを感じた。「地と図」の話をもう少し言うと、この本の三六ページで想田和弘さんが「佐藤真監督とは、不思議なご縁がある」と、ご縁の話を書いている。想田さんは、佐藤さんが撮ろうとして撮れなかった平田オリザの青年団についてのドキュメンタリー映画（『演劇1・2』）を撮った人なんだけど、その人同士の背景と背景が重なることで出会うということを考えると、このエッセイで想田和弘が考えてるものも、その「地と図」の「地」のほうなんだよね。一四一ページでは、佐藤さん自身のエッセイで障害者が描く絵のことを言っている。『まひるのほし』という映画に出てくる（知的障害をもつ）シュウちゃん（舛次崇さん）が画塾で生き生きと絵を描く。「はたよしこさん（画塾の主宰者）がいつでも見てくれているという安堵感がなければ、舛次君はあの不思議なフォルムの絵を描くことはないのだろう」と。そこでシュウちゃんそのものじゃなくて、それを成り立たせている場のほうをやっぱり佐藤さんは気にする。ついそっちが見えてくるんだと思う。でも僕が今こういうふうに言っちゃうことで「地」のほうが全部「図」になっていっちゃうわけだよね。

――「地」を強調しすぎてしまうと？

保坂　そう。この『日常と不在を見つめて』っていう本を読んでいて「地」と「図」のことが気になると、そればっかりチェックしちゃう。でもそうすると、本来背景だったものが全部前面に出てきちゃって、「地」であったものが「図」ばっかりになっちゃう。佐藤さん自身の、はたよしこさんという存在がいる安堵感の中でシュウちゃんが絵を描くんだっていうのは、「地と図」を強く意識しているんじゃなくて、佐藤さんには自然とそういうふうに見えているわけだから、僕はそう言ったわけです。ただ改めて指摘しちゃうと、それが全部「図」になって、僕が今こうやって喋ってるのを佐藤さんが聞くと、「すっごく鬱陶しい奴だな」って思うと思う。

――笑。

保坂　少なくとも僕がそれをやられたら、そう思う。今こうやって喋るからついそういうふうに見えちゃうんだけど、背景であるものを全部「図」のほうに、自分の持ってる言葉に手繰り寄せるからダメなんで、手繰り寄せずに、こうやって話して、広げておくっていうのが、佐藤さんがやりたかったことだろうと思います。

――佐藤さんも何かのメッセージに回収されるとか、映像が何かの言葉の中に回収されていくとか、プロパガンダ的なものに対する嫌悪感はすごく持っていて、そこから漏れるものを拾いたいと思っていたはずです。それは「地」という言葉で当てはまるのか、ちょっとわからないですが、ふわっとした空気みたいなものを捉えたいということはずっと書いていらっしゃいますし、僕が助監督をやってる時も、NGカットばかり使おうとする。そういう「外れたもの」に興味があった方だとは思います。

保坂　なんか、やれた！っていうとこが罠なんだよね。

――撮れた！っていう？

保坂　何か作るときに「やった！しめしめ」と思う時がダメなんだよ。「え？」っていうのがいい。自分でも今は面白いと思って書いたけど「これほんとに面白いのかなあ」と疑問に思って、二週間くらいずっと見返さない。放っておいてまた見てみると、ああ、やっぱり面白い、いいんだ、じゃあ続きやろうみたいな。そういう感じなんだよね。
——佐藤さんがよく「日常」を撮るのが難しいんだと言っていました。事件だとか、センセーショナルな何かなら、テレビも撮る。だけど、佐藤さんの関心はもっと、事件にならないようなものをいかに撮るかということをやっている、という話はよくされていたし、僕にも話してくれました。保坂さんがよく「日常」というものに対して……

保坂　言いたいことはわかります。ただね、この本もそうなんだけども「日常と不在」って、「日常」って言っちゃったらもうそれは日常じゃないんだよ。
——「図」になっちゃうってことですか？

保坂　そう。で、不在もそうなんだよ。「不在」って言ったら、「不在」じゃなくなっちゃうんだよね。だから、これ、ほんとはいいタイトルじゃないんだよ。
——笑。

保坂　見つめられないものこそが、日常と不在なんだよね。だからそこだけは、すみません、あんまり良くないですね。「日常」を売りにしたのが宮台真司です。「終わらない日常を生きろ」とか。僕が芥川賞取ったのと、あの本が話題になったのが同じ時期だったんで、「保坂さんも『終わらない日常』というふうに思ってるんですか？」ってよく訊かれました。でも僕、「日常」なんていうことは、あんまり思ってないんだよね。
——日常を描こうというふうには思ってない？

保坂　というか、僕の小説には、まともな人は出てきてないんだよ。だからいわゆる「日常」にはこんな人はいない。実際にいないってわけじゃないんだけど、普通には滅多に会えない。そういう人たちって、もともとダラダラしてるタイプが多いんだけど、僕の小説には普通の社会ではあんまり居心地の良くないような人たちが集まってるっていうことなんです。僕の関心はそっち側になるというか。ことさら「日常」とか思ってないんだよね。ただ、この人たちが何かするかと思って書いてたら、結局何もしなかった、というようなことで。しないことを狙ってるわけじゃないんです。
——なるほど、日常を描こうと思って書いてるわけじゃないんですね？　たまたま書いてるものが自分の身の回りのものだったと。

保坂　そう。だから、映画とかドラマとかみんなそうだと思うんだけど、みんな日常じゃないんだよ。別に殺人が起きなかったり、身を焦がすような激しい恋愛に出会わないだけで。みんな殺人とか恋愛がなきゃ日常だと思ってる。フィクションを語る人たちって、みんなそう思ってるんだよ。なんか死ぬと思ってる。

――笑。

保坂　人は怒ると殺すと思ってるんだよ。

――たしかに殺さないですよ、実際。

保坂　やっぱり実際にさ、人殺したことがある人と会うと、びっくりするよね。

――会ったことあるんですか？

保坂　ないよ。ないでしょ？

――ないです。

保坂「俺さ、一八の頃、人を殺したことあるんだよね」なんて聞いたら相当びっくりするよね。ただその「びっくり」の感覚は、佐藤さんのいう「日常」の感覚なんだよ。みんなが日常という側だよね。「本当にいたんだ！人を殺したという人が！」っていうような。

――そういう驚きを持つ人が。

保坂　そう。それも驚いていいのかわかんないみたいな感じで。まずは「本当かよ？」っていうところで、それを咀嚼するのにだいぶ時間がかかる。人を殺した人に出会うって、そういう感じでしょ。

――なるほど。だから僕が今、強引に佐藤さんと保坂さんを繋げようとしたキーワードの「日常」が間違ってるっていうことですね。

保坂　そう。

――笑。

保坂　いや、それで僕がこの本で、いちばんキュンときたところがさ。

――キュンときたんですか？

保坂　佐藤さんの長女と次女がこの本に書いているんですよ。次女の萌さんが書き出しのところで、「佐藤真。大きな身体で、『鳥の巣ヘアー』なる天然パーマをもち、よく食べよく飲みよく二人娘にデレデレする」（一三一頁）って書いている。そこ読んだ時に、ジーンときたんだよね。僕は子どもがいないんだけど、僕が飼ってる猫が僕のことを作文に書いたら、「一日中猫にデレデレする」って書くだろうなあって、ジーンときた。こういうふうに書く人いないじゃない？　親のことを。まして猫は書いてくれないしさ。デレデレされた側からの返答として「デレデレする」ってさ、これはいいよね。まあこういう席なんで僕はこう言うわけなんだけど、それを言っちゃったらだいぶ台無しになってる。僕は自分一人でこの

「デレデレする」ってところを読んで「ああいいなあ、すごくいいなあ」って思って。なんかそういうのを、さっきの諏訪敦彦の「巨大なトウキョウ」っていう構想の一端に触れるような、そういう大きなものとの関係を、他愛もない一言で、たとえば「デレデレする」って言ってくれたことって、ものすごく大きいことなんだよ。その「デレデレする」によって大きな広がりがわかる。具体的な繋がりなんかは関係なくて、頭の中に大事なものを散らかしている。散らかしとくことも、すごく大事なわけです。

ここで一見、すごく関係ないような話をするけど、ヒルデガルト・フォン・ビンゲンっていう一二世紀ぐらいに生きたドイツの、神秘主義のキリスト教の尼僧がいるんですよ。かなり有名な人なんだけど、そのヒルデガルト・フォン・ビンゲンは神を見たり、世界の像を見たりする。普通、そういう人って大体魔女扱いされたり排除されたりするんだけど、すごいことに当時のローマ法王が聖女と認めたんだよね。この人は、一人称が「神」で、自分が神になって「この者に私の意図をこれから伝える」みたいな文章を書く。ヒルデガルトは何枚も絵も描いてるんだけど「赤い球、燃えるような球体が神を顕《あらわ》す」って、その絵に説明が書いてある。でも「神を顕す」んじゃないんだよね、きっと。それが「神」じゃなくて「燃える球体」であることが大事なんだよ。それは「神」なんだけど、でも「神を顕して」るんじゃなくて、「燃える球体」なわけ。

——燃える球体がすごいってことですか?

保坂　いや、燃える球体に、神が「出てきた」んだよ。わかりやすく言うと、たとえば映画を映すって言うのは画像を「映す」ことだから、それを見た人がそれを神だと思ったりもする。だけどそこにあるのは「燃える球体」以外の何物でもないってことがすごく大事なことなわけ。と、今の僕は思ってる。それをすぐに「神だ」って意味づけをしちゃうと、燃える球体の方をないがしろにすることになる。「神をみんなに感じさせるような燃える球体」として、いかにみんなを納得させたとしても、もう「燃える球体」としての価値はだいぶ落ちてしまう。でも、燃える球体としてずーっとただ見てしまうだけの力とか、面白みがあるってことが大事なんだよね。ところが「これは神なのよ」って言ってしまうと、燃える球体に神を表現してくれたこの人がすごいっていうふうになってしまう。本来、絵っていうのは、何を表現しているかではなくて、純粋にこの絵が面白いと思って見る。そういう次元に持ってきたほうが「これは神である」って言っちゃうよりも面白いんだよね。『ＳＥＬＦ ＡＮＤ ＯＴＨＥＲＳ』のこのやり方は、そっちなんです。「これが神だ」って言っちゃったら、だいぶつまんない。この燃える球体そのものに、いかに注意を置くか。それ以上遠くのものは、すぐには言葉で考えさせずに、これを見つめさせるっていうことが、この映画では大事なんだと思うんです。自分の中の関心がちょうどいま、その辺に繋がってるんですよ。だから、こういうやり方がいいなって思うんです。

「SELF AND OTHERS」©ユーロスペース　2000年

映画になるか、ならないかのギリギリのライン

保坂　あとこの映画で僕がいちばん気になったのは、最初と最後に出てくる木のシーンなんだよね。もうちょっと映画に即した話にすると、この映画では東京の住宅街を、車で走って撮っているシーンがいくつか出てきますよね？

――はい。

保坂　あれは写真集の撮影現場に辿り着くんだよね？

――そうですね。

保坂　それもＤＶＤを観ていた時は全然気づかなくて、ただの移動ショットとして見ていたんです。もっと漫然と誰の視線でもなく、住宅街を映したものかと思っていた。牛腸茂雄という人がいるお陰で、私もこういう視線を持つことができたっていうようなことで撮った住宅街のシーンなのかなと思ったら、撮影現場に辿り着く。

――そうですね、最後、カメラがパンして、実際に牛腸さんが撮影した坂道に行きます。

保坂　井の頭公園の双子の少女たちを撮影したところも、

©牛腸茂雄

やっぱりあれ、撮影の場所なんだね。

——木が大きくなってて、見つからなかったって佐藤さんは言ってましたね。

保坂　でもそこもさ、あの木の場面がまったくのイメージショットだったら、やっぱりそれもつまらないわけですよね。でも明らかに「ここです」ってわかるようにするのも、やっぱりつまんなくて「あれってそうなのかねえ?」くらいの、その辺の感じがいいんだよね。佐藤さんは、そもそも写真集の写真だけを映して映画にしたかったんだよね?

——最初はそうですね。

保坂　佐藤さんもやっぱり映画として、コケそうなギリギリのところをユラユラしてるよね。これは不思議でさ、本当にコケてたら誰も観ないわけだよね。でも、ダメでポシャる寸前のところで持ち堪えるから、面白い。ちょっとズレるとポシャる。そのちょっとの差なんだよ。たとえばハリウッド映画みたいなものとは、どちらもすごく違いがある。だけど、佐藤さんのやっているギリギリ、コケるかコケないかの差っていうのは、ほんのちょっとの差なのに、そこに何かすごく大きな差があるのが不思議だよね。

——『SELF AND OTHERS』の編集の途中のものを見た人から話を聞いたら、ものすごくつまらなかったって。

保坂　笑。

——だからすごくギリギリのラインを佐藤さんなりに模索して作ったんだなって、今日お話を聞いて思います。

保坂　こんなもの映画じゃないとか、こんなもの小説になんねえよなあ、みたいなスレスレのところで。スレスレのところって言うといかにも境界があるみたいだけど、別の言い方をすると、これのどこが映画なのか、小説と思わせるか。「自分の中でもわかんないけど、なんか小説になる」っていう、そこは別に小説家自身は説明必要ないわけよ。とにかく、なんでこれが映画になって、こっちは映画にならないんだろう、と。それを映画と思う気持ち、思わない気持ちっていうのはなんなのかっていうことに囚われてる人っていうんだよね。

——なるほど。僕がこう言うのもあれなんですけど、保坂さんの小説も、ギリギリ小説になってる、という感があって、そこにすごく感動します。

さて、すみません、そろそろ時間が終わりになってきました。この辺で、保坂さんに何か聞きたいことがある方はいらっしゃいますか。

会場　この映画の中で突然牛腸さん自身の声が聴こえてきたのにすごく驚いて、ゾワゾワするんですけど、保坂さんはどう感じましたか？

保坂　いや、僕はまず、牛腸茂雄の声かどうか、わかんなかった。確信がなかったんで、こういう掠れ声の人はいるわなって思いました。僕はあんまり衝撃はなかったんだよね。だから全体として、この映画で衝撃的な部分を、僕は基本は受け止めてない。そういうことにはやっぱり一種のドラマツルギーみたいなところがあるんで、そういうのには、僕は基本はあんまり反応しないらしいんだよね。

――保坂さんの体が？

保坂　そうなんですよ。ただ、佐藤さん自身もこの怖い、牛腸さんの声のテープが見つかって、映画のあり方がガラッと変わったみたいなことを書いてるよね。

――書いてますね。僕自身も結構、あの声がトラウマになるくらい、恐ろしかったですけど、保坂さんはそうでもなかった。

保坂　そうですね。あとね、気になったこととしては、牛腸さんって写真でもわかるんだけど、脊椎カリエスという病気をしていて、相当背が低いんですよね。女の人と並んでも背が低い。逆に佐藤さんは、背が高いんだよね。

――一八〇センチ以上ありました。

保坂　だから本当のこと言うと、佐藤さんは牛腸さんの視線にはなれないと思ってる。

――佐藤さん自身が？

保坂　うん。その前提で始めてるんじゃないかと思うんだよね。やっぱり身長の差って圧倒的で。一八〇センチ超えてる人って、やっぱりみんなの頭の上から顔が出てるような状態に慣れてる。逆に、佐藤さんが牛腸さんの、一五〇センチ前半の身長で部屋の空間を見渡すと、全然見え方が違うことに、これはすごいなあと思ったと思いますね。

会場　佐藤さんはなぜ、牛腸さんについての作品を撮ったのか、保坂さんは作家として、何か思い当たることはありますか？

保坂　まず、佐藤さんは牛腸さんの写真を「写真集」として、面白いと思った。まあ、それに尽きると思うんです。ただ何時間かのフィルム回したりロケハンしたり、すごく長い年月を使うわけだから、そうしている間にその写真集をつまらなく感じたら、映画が終わっちゃうんだよね。だから、この写真集の面白さはなんだろうという秘密に迫るって言うとすごくわかりやすいんだけど。「牛腸茂雄の写真の眼差しは……」とかって佐藤さんも言ったり書いたりしたと思うけど、それだって、ほんのごく片隅の部分だけしか言えていなくて、佐藤さん自身、ほんとうはもっと別のことをいっぱい考えて、感じていたはずです。ドキュメンタリー撮る人って、時間が無駄になっちゃうのは結構平気でしょ（笑）？　覚悟はあるでしょ？　だからこの『SELF AND OTHERS』っていう写真集で映画作るぞって言って、ずーっと作り続ける年月に、この写真集が耐え得るのかどうかっていうことの関心が、佐藤さんはもしかしていちばん強かったんじゃないかな。僕だったらそうだろうなって思います。

（二〇一六年三月二五日　場所：アテネ・フランセ文化センター）

保坂和志（ほさか・かずし）　一九五六年山梨県生まれ。一九九〇年『プレーンソング』でデビュー。『草の上の朝食』（93）で野間文芸新人賞、『この人の閾（いき）』（95）、で芥川賞、『季節の記憶』（97）で平林たい子賞、谷崎潤一郎賞、『未明の闘争』（13）で野間文芸賞、『ハレルヤ』所収の「こことよそ」で川端康成賞受賞。「保坂和志の小説的思考塾」を定期的に開催している。

諏訪敦彦

世界は見渡すことができない

『SELF AND OTHERS』や『エドワード・サイード OUT OF PLACE』を観て「何の映画かわからなくなった」という感想を持つ人は少なくない。フィクションとドキュメンタリーというカテゴリーは違えど、同じ時代を近い場所で過ごし、近い問題意識をもっていたという映画監督の諏訪敦彦は、「わからない」という感覚こそが大事なのだと語る。

（聞き手：清田麻衣子）

撮っても映らないものに向かっていった

諏訪　ドキュメンタリー映画は、たとえば土本さんの映画であれば水俣という問題があって、小川さんだったら三里塚とか、社会的な文脈を持っていることが多かったんですね。そういう角度から語られたり観られたりする。そういう映画があるからこそ、繰り返しその社会問題が見返されたりすることもあると思います。ただ佐藤さんの場合はいろんなテーマの映画を作っていて、ひとつの文脈で「この人はこういうことをやりました」とは言えないところがある。だから放っておくと、まとまって観られる機会が消えていってしまうんじゃないかと感じていました。それは非常に良くないと思いますし、まだ佐藤さんの映画って汲み尽くされていないというか、よくわからないところがたくさんあると思うんですね。

『SELF AND OTHERS』を、僕は最初、完成した時に現像所の試写室で観たんですが、観終わって、なんか怖かったんですよね。ホラー映画を観たような感じでした。恐ろしいなぁという感覚に取り憑かれたのを鮮明に覚えています。そのひとつの理由としては、声が怖い。「それまで西島秀俊がナレーションしてたのに！」と思うわけです。西島秀俊が、苦悩する芸術家のプロフィールを彼なりに過剰にならず、淡々と吹き込んでいる。我々はそこに、牛腸さんの写真と西島さんの声で作られる、ひとつの人物像をようやく構築したかと思ったら、牛腸さん本人の声によってぶっ壊されるわけです。積み上げた積み木をガーッと壊すみたいな感じで。でも、あえて言えば「そこに触れなければならないのだ」という、佐藤さんのなかでの手さばきのようなものを感じる。それは計画して出来るようなことではない。こういう映画を撮ってやろうと思ってやっているというわけではないですよね。いろんな経緯の中でそういう地点に辿り着いている。

——佐藤さんの作品のなかでも、『SELF AND OTHERS』と『エドワード・サイード OUT OF PLACE』は、中後期というところに入っていく映画ですが、佐藤さんはどんどんその「わからなさ」の方に進んで行かれた印象があります。

諏訪　そうですね。佐藤さんと僕はほぼ同世代なんですが、映画に関わっていく経緯はまったく違います。一時期、映画美学校のドキュメンタリー・コースで、一緒に教育に関わることもあったり、同じ時期に、お互い「次は何をやるのか」という感じで映画を作っていたので、ある時代を共有しているとは言えますが。佐藤さんがドキュメンタリストとして非常に特徴的なのは、対象がだんだん消えていくということですよね。最初は『阿賀に生きる』でデビューされる。その当時の僕は「土本さんとか小川さんの系列の人なのかな」という印象でまず受け止めた。ただ、映画を観ると明らかにそこから決別していくというか、先行世代の、ある偉大なるドキュメンタリーを請け負いながら離脱していくっていう感じですかね。ただ、『阿賀に生きる』ではまだ、阿賀野川というところに住んで撮るっていうことをやっているわけです。その後の作品、たとえば『花子』とか『まひるのほし』では、いわゆる「障害者アート」といわれるものを扱う。それが『SELF AND OTHERS』になってくると写真になるわけです。ものすごくミニマムなものに向かっていった。準備をしていた頃に佐藤さんが「次は写真でやろうと思うんだ」みたいなニュアンスのことをポロッと言われていたことを覚えています。たとえば『花子』なら花子さんにカメラを向けることはできるけれど、牛腸さんは居ないわけだし、牛腸さんの作品というのは写真なわけで、写真を撮るということしかできない。あるいは『エドワード・サイード OUT OF PLACE』は、サイードについてのドキュメンタリーでありながら、これは偶然ですが、まだ企画段階、撮影に入る前にサイードが亡くってしまうんですね。つまりサイードはもう居ない。その次に僕が知っているなかでは、構想していた『トウキョウ』という映画があって、今度は東京を撮るというわけです。でも東京はなかなか映らない。かなり難しい問題です。佐藤さんはそのことを重々承知していました。ただ、外国人の映画作家、クリス・マルケルの『サン・ソレイユ』(83)とか、ヴィム・ヴェンダースの『東京画』(85)のように、東京は何回か撮られていて、「外国人から見た東京」というものが示唆するものはある。そういうものを経由して東京を撮ることは可能なんじゃないかというふうに、当時佐藤さんは思っていたと思うんですが、それはかなり不確実ですよね。だから非常にチャレンジングです。佐藤さんが、撮っても映らないものに向かっていったっていう印象は強く持っていました。同時代、あるいはその後の世代も含めて、いわゆる日本のドキュメンタリーをやっている人の中でそういうことに向かっていると感じるものはあまりなかったと思います。少なくとも僕にとっては佐藤さん一人だった。もちろん実験映画とか現代アートとか、ドキュメンタリーという枠を外せばそのようなアプローチはいろいろあるのかもしれないですが、ドキュメンタリー映画であり、なおかつ簡単には映らないもの、要するに映像化できないものを映画にするということに可能性を見ようとしていた人というのが佐藤さんなのではないかなと思いました。

――『エドワード・サイード OUT OF PLACE』に関して言うと、観ているうちにこれが何の映画だったか、わからなくなってくるという現象が起きます。

諏訪　そうなんですよね。僕ももう一度『エドワード・サイード OUT OF PLACE』を観直しました。なんでこういう構成になっているのか、最初に観た時はよくわからなかったところもあります。完成直後のニューヨークでの上映では、かなりいろいろツッコまれたようですね。つまりサイードとは誰かっていうことを知りたい、サイードについてのあるポートレートを求めている人にとっては非常に不満だったということですね。それもわかるような気がします。観ている最中に「あれ、これは一体何の映画だったっけ?」って、わからなくなるんですよね。でも僕は、そのことが発見でした。『日常と不在を見つめて』の本に、実現しなかったけれど、佐藤さんが次に出そうとしていた、「ドキュメンタリーの哲学」という本の企画書が掲載されています。これは非常に面白い企画で、もちろんドキュメンタリーについての本なんですが、カントとかフッサールの哲学を使ってドキュメンタリーとは何なのかを論考しようとしている。客観的事実という、現実にはないことを、哲学を使って論じていくんですね。その最後の章に、レヴィ・ストロースという人類学者が使っていた「ブリコラージュ」という言葉が出てきます。僕はレヴィ・ストロースの本を読んで研究しているわけではないので詳しくないんですが、すごくピンとくるものがありました。

たとえば『花子』で、花子さんは食べ物を並べて作品を作っているわけですよね。それらの食べ物は、作品のために存在しているものではない、夕飯の残りなんかを利用していく。フランス語でいうと、ブリコラージュというのは自分で内装をしたりするという、素人大工みたいな意味です。それと対置する概念として「エンジニアリング」という言葉があって、技術者は必要な道具や手順を使ってひとつの作業を貫徹していくわけです。だから、エンジニアリングに基づいた作業っていうのは道具が一個なかったらできない。「他の物で代用できないか」という考え方ではないわけですよね。でもブリコラージュっていうのは、何か適当に身の回りにあるものを使って、本来それは、そのような用途の道具ではないが、それを使ってこういうことが出来るんじゃないかというふうにして作られていくもののことを指す、そういう概念だと僕は理解しています。

『日常と不在を見つめて』の本の中にある、娘さんの佐藤萌さんのエッセイで、子どもの頃、よくお父さんと遊んだというくだりの中に「やまかん人生」っていう遊びが出てきますね。自転車に乗って「人生はやまかんだ」と言いながら、お父さんは「大丈夫だ、何とかなる」って適当な方向に走って、知らない道にどんどん入っていく。そして、たまたまあったお店屋さんで何か買って食べたりする。これ、すごくシンボリックだなと思ったんです。『エドワード・サイード OUT OF PLACE』を観ていると、「やまかん」で行っているような感じに見えるんですよ。ドキュメンタリストも劇映画の作家もそうなんですが、まず撮影のときはいろんな要素を撮るわけです。ドキュメンタリーの場合、膨大な映像の量になる。それらにどんな要素があるか、全部書き出して、これをどう並べていくのか、たとえばポストイットで貼ったり紙に書いたりしながら構成を考えるわけですよね。でも最近はパソコンでやるノンリニア編集なので、画面にはタイムラインが出てきます。カット1があってカット2があって、ここはこのくらい長くて……というのを一気にダーッと見られるようになっている。映画をひとつのフィルム全体で見渡せるのと似たようなイメージです。フィルムで編集することとノンリニアで編集することとは本質的には同じなんですが、僕はタイムラインっていう概念はすごくヴァーチャルで危ういものだと思う。映画のフィルムって、巻いてあるんですね。これを全部伸ばすと、もう何百メートルとかになるので、絶対に全部一気に見ることはできない。目の前を流れていくものを見るしかないんです。その継続時間が何なのかを体感するしかない。それを、さも全体を見渡せるかのような視点があるように作る。本当は嘘のイメージなんですが、あるかのように思わせてしまうんですね。構成も一緒で、「最初にこの要素がきて次にこの要素がきて、あ、これはこっちにあった方がいいな」とか、「最後これだからこの前にこっちを持ってきた方がいいな」とか、そういうことをやるわけです。もちろん佐藤さんだってやっているわけですよ。だけど編集を一緒にやった人に聞くと、構成案、構成表みたいなのは作らなかったっていう話でしたね。

秦岳志（編集） 最初の段階ではそうですね。

諏訪 超越的な視点に還元されるような構成は絶対に選択しないというか。それをいかに消していくか、と手つきに見えるんですよね。

――なるほどなるほど。

諏訪 それは、『エドワード・サイード OUT OF PLACE』を観た時に強く感じたんです。『阿賀に生きる』にもそういうところはあるけれど、遠藤さんの舟が完成していくことのように、時間軸によって作られていく構成もあるし、『SELF AND OTHERS』であれば、牛腸茂雄さんの日記とか手紙は必ず構成のひとつの柱になっていく。このテキストがあって次にこれがあってと、順序立てて構成されていくものがあるんですが、でも佐藤さんの映画には、その世界をすべて見渡している人がいて、そこからその世界が常にコントロールされているという印象がないんですよね。佐藤さんが実際どうしようとしたのか、なぜそういうふうにしたかったのかは、わかりません。それはわからないんですが、そのようにして作られた映画にどういう意味があるんだろうかということを考えたいなと思っているんです。

たとえば僕がいま作っている映画（『ライオンは今夜死ぬ』）について、佐藤さんがいたら話を聞いてもらいたいなと思ったりする。フランスのスタッフと組んだんですが、彼らは僕より若い三〇代です。僕の映画はフィクションで、今回はフランソワ・トリュフォーの『大人は判ってくれない』(59)でデビューしたジャン・ピエール・レオー、あの時彼は一四歳だったんですが、現在、七二歳の俳優（二〇一六年当時）です。その彼が主人公の映画を作っています。ときどき彼と会っていろんな雑談をするというような映像を撮って寄せ集めて、それこそブリコラージュしてひとつのフィクションとして仕立てていくんですね。だから自分のやっていることは、何かをすべて自分で構築するんじゃなくて、あるものを寄せ集めて再利用しながら何かひとつのものをつくりあげていく、そういうプロセスだなということを改めて思っています。僕にとってその作業は、形式はフィクションだけど、ドキュメンタリーと同じなんですよ。たとえば、お願いして雑談をしてもらうわけですからフィクションなんだけど、超越的なところから「こういう世界を作るんだ」みたいなことじゃないんだという感覚がある。だからドキュメンタリーとの関係というものが、僕の中にずっとテーマとしてあるんです。ヨーロッパのスタッフとやっていると、彼らはたとえば「もっと良くなるかもしれないから、もう一度撮ろう」と言うんですが、僕なんか内心「もういいじゃん」と思うんです。でもみんながやりたいならやってみようか、みたいな感じで「ここ、カットを割ってもいいですか？」って言われたら、「いやもう……じゃあ割ってみようか」みたいな感じです（笑）。つまり、みんなで作っていけばいい。自分の関与をできるだけ弱くしていくということを行なっています。でも、そういう時に何かものを作る主体っていうのは、ある意味で集団的なものに開かれていく。つまりそれは、スタッフの集団性だけではなくて、もっと広い集団的なものです。

──その場の状況なども含めて、ということでしょうか。

諏訪　「人間」とか、そういうことです。そのようなものに開かれていくのではないかという気がするんですね。そういうことを考えながら、「どう思います、佐藤さん？」っていう話をしてみたい。ただ、佐藤さんの場合は、もっともっとすごく「強い個人としての私」っていうものが一方にあるという気がします。いい加減ではない。だけども、どこまでやっても捉え切れないものがあって、それが映画を輝かせるのだということも佐藤さんはわかっている。そういう人だという気がしましたね。僕はそこまで自分が強くないですね。もうちょっと弱いので、早く諦めてしまう。

――佐藤さんの文章を読んでいると、芯の部分の強さをすごく感じます。映画とは違うんですよね。

諏訪　そうなんですよね。佐藤さんの文章を読んで恐ろしいとは思わない。「悪意を持て」とか、そういう書き方はもちろんありますが、映画にはもっと闇みたいなものが現れてくるんだと思います。それが『ＳＥＬＦ　ＡＮＤ　ＯＴＨＥＲＳ』でいえば、恐ろしさです。話はブリコラージュに戻りますが、そういう態度っていうのはだんだん忘れられている。これはある意味で、ポストモダン的と言ってもいいかもしれない。簡単に言えば、作り手だけが偉いんじゃない、受け手の方がものを創り上げていくのだというのがポストモダンの時代の考え方ですよね。作者という特権から引きずり下ろす、解体するというのが、あの時代の考え方です。そういう時代に僕

『エドワード・サイード OUT OF PLACE』撮影中の佐藤真　©シグロ　2005年

も佐藤さんも影響を受けているというのはあると思います。でも今、そういう考え方は忘れられようとしている。もう一回、主体が回帰している気がするんです。だから作り手が問題なのだっていうふうに思われている。

弱い主体として何をしていくか

——私は九〇年代の後半に学生時代を過ごし、佐藤さんの映画を観ることも含めて、そういう価値観にすごく影響を受けました。だから、表現や文化の流れは「自分が主体ではない」ということを突き詰めていく方向に行くんだろうと思って、二〇〇〇年代の半ばくらいまで過ごしていたんです。でもハッと気づいたら、景色が変わっていたように思います。二〇一一年以後、東日本大震災を経て、社会の問題が見えやすい世の中に変わっていったのもあると思うんですが。

諏訪 そうですね。僕にとっては二つの側面があります。まず、佐藤さんが映らないものに向かっていったっていうことは、その時代にじゃあ他のドキュメンタリーは何をしていたかというと、「私」に向かっていったんですね。セルフドキュメンタリーという方向に。このことに関する論争があって、佐藤さんもそれについて発言しています。そういった流れと別に、もう一方で、たとえばカメラマンの大津幸四郎さんは、七〇年代のある時点を境に被写体がカメラに映らなくなったという発言をされていました。これはある意味で象徴的な意味があるなと思っています。たとえば七〇年代までっていうのは、さっき言ったみたいに、水俣に行くと水俣病の患者さんがいる。あるいは三里塚には闘争があって機動隊と対峙している状況がある。そこに行ってどのように撮るかという問題はあるけれども、カメラはそれを撮ることができる。ファインダーを覗けばそこには何かが映っているということが確信できるわけです。でもそういう問題は、表面的には消えていく。社会的な問題っていうのは目に見えなくなっていって、むしろ精神的な問題だとか、何が問題なのかよくわからない問題だとか、目に見えない問題になっていく。そうなっていった時代に、ただ何かを撮っていれば映るという状況ではなくなったんだというのは、カメラマンの視点としてはすごい説得力を持っています。九〇年代、〇〇年代はそういう時代でした。

しかし東日本大震災以降は、ドキュメンタリーをやっていた人に、いろんなことを問いかけたと思うんですよね。行けばとんでもない光景がそこに広がっているわけです。カメラを持って行って撮った人もいるし、撮らなかった人もいるわけですが、行けば映るという状況が突然現れた。それまでは、どこに行っても何も映らないという状況の中で、映画というものをもう一回考えてみるっていうことが起きていたわけですよね。それが佐藤さんの営みだったと思います。もう一方で、佐藤さんの上の世代の人たちっていうのはもっと強い主体を問われたわけですよね。「ただ現実を撮っていても映らないんだ」と。現実というのはもっとその向こうにあって、それを引きずり出してくる強い主体がいるんだということだと思うんですね。

でも今、ポルトガルのペドロ・コスタという映画作家は「僕たちは弱い監督ですよ。僕もあなたも弱い」と言っています。弱さっていうのは、ある意味で、今ものを作る人のひとつの原動力だと思うし、必要なことだと思うんですよね。その弱さが、もう一度、主体を作品の外部に追い返すということを引き起こせる気がするんです。でもその弱さがかき消されてしまうと、もう一回強い主体が復活し、何が映っているのか、何がテーマなのか、何が言いたいのかみたいなことが問われてしまう。そういうふうになってしまった時に、佐藤さんがやろうとしていたことの可能性が、しばらく消えてしまうような気がします。だから、この『日常と不在を見つめて』の本とか、特集上映会がもしなかったら、そういうものは忘れ去られていく気がする。でも、弱さにおいて何をしていくのかっていうことは、僕は今の若い世代の人たちは直感していることだと思うんですよね。決して震災が起きたから世界が変わったわけではなくて、その前からもう世界は変わりつつあったのであって、そのためにどうしたらいいのかを見失ってはいけないと思います。

理解できないものがもつエネルギー

諏訪　全然違う話をするようですが、たとえばこれは坂口安吾が言っていることなんですが、シャルル・ペローの「赤ずきんちゃん」っていう童話は、実は残酷な話で、心のきれいな主人公の少女は生き残るのかと思っていたら、最後は狼が少女を食べて終わる。坂口安吾はこれを読んだとき、「主人公が突然食べられてしまう、この残酷さはなんなんだ？」と思った。ハッと突き放される。何が起きたんだ、と思う。でも、突き放されることこそが「文学のふるさとだ」と安吾は言うんです。こういったことが、創造するということにおいて、人間にとって実は意義があることなんだと。だけどそんな結末は理解できないじゃないですか。すると人は理解できない不安に、我慢できない。

――なるほど。

諏訪　だから教訓話っていうのはある意味で、もともと民話が持っていた想像的な部分を一ランク落としてあったりする。そうすると、僕たちは理解できるようになるんです。『エドワード・サイードOUT OF PLACE』は「これ、何が言いたいんですか?」と感じる映画です。NHKのドキュメンタリー番組のように、最後のキメのナレーションがないから収まらないですよね。局Pは納得しないでしょう。ある局面においてはそういうものは必要です。仕事でやる場合、多くのドキュメンタリーも言語的に構成して「こういうことが結局言いたかったのね」とわかるようにしなさいと言われる。若いディレクターはそのことで葛藤します。意味不明なものっていうのは人との回路を閉ざしてしまうから、回路を保つ必要はある。だけど、民話が持っていたような、ある種のエネルギー、輝きをもった残酷さや、理解できなさみたいなものは、受け継がれなければならない生命としてあると思うんです。ドキュメンタリーかフィクションかっていうのはあんまり関係なくて、ドキュメンタリーでもフィクションでも、理解し得るもの、その世界をちゃんと見渡して構成されたものとして提出する場合は、その世界から身を引き離して、全体を見渡す視点を常に保持しているわけです。でも、僕たちが生きる現実は、何が起きるかわからない。だから、世界なんて見渡すことができないんだっていう体験をさせてくれるものが、本来、人間には必要だと思うんですよね。

――海外のドキュメンタリー作家の間では、そのあたりの考え方はもっと深まっているんでしょうか?

諏訪　ヨーロッパの映画界も、そういう意味では古いです。だから今みたいな話をしてもわかってくれない。ヨーロッパでは、監督がやっぱり強いんです。映画作家は非常に強い主体として尊敬されます。だからどの監督も「わたしが作りました」という前提で話さないと納得しない。でも、もちろんさっきお話したような主体を解体するということは、ヨーロッパにおいて、より必要だったんです。より強く、起爆力を持っていたわけですね。でも世界中でこれを忘れている。特に映画界は、ある意味で後退していると思います。素晴らしい作家が素晴らしい映画を作るっていうことをいまだに信じている。その世界を私たちはありがたく受け取るのだという考え方が強いんです。だからわけがわからないものに直面すると、この人は特殊な監督なんだと思いたいわけですよね。だけど本当に特殊なのはそれを観ている自分なんだっていうことに気付かせる映画は、なきゃいけないと思うし、映画っていうのはそういうことが可能なんだと思います。ドキュメンタリーと呼ばれているジャンルのなかで、日本でそういうことに触れようとしていたのは佐藤さんだけだったと僕は思っている。今も、そういうものは関係ないと思っている人が多いんじゃないでしょうか。だから佐藤さんの映画がずっと観られてほしいし、放っておくと消えちゃうような危機感があるんですよね。そんなに強い線ではなく、淡いものなので。これからも佐藤さんの映画を観ていくことは、やっぱり必要なんじゃないかと思います。

（二〇一六年一〇月一〇日　場所：横浜シネマリン）

諏訪敦彦（すわ・のぶひろ）　一九六〇年広島県生まれ。『2／デュオ』（97）で長編映画監督デビュー。シナリオなしの即興演出という手法をとる。『M／OTHER』（99）でカンヌ国際映画祭国際批評家連盟賞他受賞。『不完全なふたり』（05）でロカルノ国際映画祭審査員特別賞他受賞。『ユキとニナ』（09）、『ライオンは今夜死ぬ』（19）など。東日本大震災を題材にした『風の電話』（20）でベルリン国際映画祭審査員特別賞他受賞。東京藝術大学大学院映像研究科教授。

北小路隆志×八角聡仁

佐藤真は終生ドキュメンタリー作家だった

同僚として佐藤真と親交をもちながら、批評家としても佐藤真の映画を見つづけてきた二人。土地に移り住んでそこに生きる人々を撮った『阿賀に生きる』から『エドワード・サイード OUT OF PLACE』へと、次第に「不在」へと視点を移していったように見える佐藤の、映画作家としての変遷、そしてその自意識の在り方を掘り下げる。

『阿賀に生きる』の落とし前

北小路　佐藤さんは、二〇〇一年から京都造形芸術大学（現・京都芸術大学）映像・舞台芸術学科の教員として京都に通われていて、八角さんはずっと同僚でいらっしゃいました。その映像・舞台芸術学科が、〇七年にいくつかの学科に分かれ、新たに映画学科ができる際に、佐藤さんからお誘いいただき、僕も同じ大学の教員として京都に通うようになりました。ただ、職場の同僚として、あるいはプライベートな面でも、ゆっくり時間を過ごす間もなく、佐藤さんが逝ってしまわれた。思い返せば、ではありますが、すれ違いになったようで、すごく残念ですね。結局、佐藤さんの作品について書いたり、インタビューや対談したりというお付き合い、いわば映画作家と映画批評家の関係性でほぼ終わってしまったわけですが、佐藤さんは数ある映画作家のなかでもとりわけ批評に鋭く反応してくれる人でした。そういう意味では思い出話もある程度出来ますが、今回は佐藤さんの仕事を総括的に話すということを試みたいと思っています。

八角　私は京都造形芸術大学で映像・舞台芸術学科ができた二〇〇〇年からいたわけですが、準備段階から学科のコンセプト作りや佐藤さんを含めた教員スタッフの編成にも関わっていました。カリキュラムの関係で佐藤さんは学科新設の翌年に着任されて、亡くなるまでいらっしゃったということになります。佐藤さんとは京都にいる時はしょっちゅう飲みに行ったり、ドキュメンタリー映画の上映会を一緒に企画したりしていました。映像芸術と舞台芸術をクロスしながら教えるというのが学科のコンセプトでしたから、たとえば私の授業では、劇映画も実験映画もドキュメンタリー映画も扱う一方で、演劇やコンテンポラリーダンスの映像も見せる。そうすると学生にも面白い化学反応が起きてきて、さまざまな形で自分の方向性を見出していく。卒業生の村川拓也さんや今野裕一郎さんのように映像と舞台を横断する表現者もそういう中から生まれていったんだと思います。村川さんは佐藤さんの「ドキュメンタリーは〈事実〉を素材にしたフィクションである」という言葉を引いて、舞台作品もまた俳優の身体や劇場の空間といった〈事実〉を素材にしてフィクションをつくるものだと語っていますね。教員としての佐藤さんは主に実習授業を担当しながら、学生に対しても極めて理論的に語っている方でした。大学の学科再編で、映像・舞台芸術学科は二〇〇七年から映画学科と舞台芸術学科とアニメーション学科という三つに分かれますが、実は再編の構想の中で当初出ていたアイデアとして、佐藤さんが「ドキュメンタリーコースっていうのができないかな」と言っていたんです。そのなかで北小路さんを呼ぼうよとなった。佐藤さんがその時考えていたドキュメンタリーコースというのは、映画だけではなくて、文章や写真によるドキュメンタリーみたいなことも含めて、「ドキュメンタリーっていうのを幅広くやるようなカリキュラムが出来ないかな」と言っていて、それを佐藤さんと私と北小路さんが中心になってやる、というプランが一時期あったんです。でも「ドキュメンタリーコースじゃ学生の募集は難しいでしょう」と、経営陣にあっさり言われてしまったんですけど。

北小路　初めて聞きました（笑）。実現していたら、面白かったでしょうね。

八角　かなりユニークなものになったと思います。学科再編のプロセスの中でさまざまな議論や出来事がありましたが、ともかくも二〇〇七年に新たな学科がスタートするその直前に佐藤さんが入院してしまって、いちおう四月から復帰はしたんですよね。そのタイミングで北小路さんに来ていただいたわけですが、ご承知のとおり九月に佐藤さんが亡くなり、私もその年度かぎりで京都造形芸大を離れることになりました。

北小路　八角さんは京都造形芸術大学在任時、毎年授業で『阿賀に生きる』を生徒に見せていたということですが、どういう狙いだったんですか。

八角　一年生全員が対象の必修授業で、ほぼ毎年『阿賀に生きる』を見せていました。映像と舞台にわたって幅広い領域を扱うなかで、今後の授業で身近に接することになる教員の作品に触れておいてもらいたいということもありますし、まずは大学に入ったばかりの学生に、ドキュメンタリー映画への固定観念をリセットしてもらう意味でも『阿賀に生きる』は見せたかった。あとは毎年授業をやっている側の立場からすると、繰り返し見ても飽きない映画だからということでもあります。

今回『阿賀の記憶』と続けて観たのはずいぶんひさしぶりで、非常に印象的なことが以前あったのを思い出しました。二〇〇四年に東京の新宿にあるphotographers' galleryというところで、佐藤さんが自身で映写機を操って「セルフプロジェクション」と称した上映会をやったことがあります。『阿賀の記憶』が公開されたばかりの頃で、『阿賀に生きる』と合わせて上映したんですが、二作続けてやると三時間くらいかかるので、ギャラリーのイベントとしてはちょっと長いなと。それで『阿賀に生きる』のフィルムロールが三本、三缶なんですけど、その真ん中の二本目を飛ばして、そこに『阿賀の記憶』を挟むという「リミックス・ヴァージョン」で上映しました。つまり『阿賀に生きる』の最初の三分の一を上映した後に続けて『阿賀の記憶』が始まって、『阿賀の記憶』が終わると『阿賀に生きる』の後半三分の一が始まるというものでした。例によって、佐藤さんは「いやー、たまたまそういうふうにやっただけなんだよ」って言っていましたが、結構うまくできていて、『阿賀の記憶』が終わって「もうみんな死んでるんだなあ」と感じていたところに、再び『阿賀に生きる』が始まってまた元気な姿で出てくるわけです。映画には、実は生者も死者もないっていうことが改めて突きつけられる。生者と死者ではなく、声と身体が一致しているように見えている人物とそうじゃない人物がいるだけだということをその時に考えたなあと思い出しました。

北小路　佐藤さんの作品を考えるうえでの重要なキーワードとして、「日常」と「不在」という言葉がありますね。死んでしまった人と生きている人、すなわち「不在」と「存在」が区別なくそこに映し出されてしまう。あるいは、「不在」はもちろん、「存在」さえも、血や肉のない存在、幽霊みたいな存在としてスクリーン上に浮かび上がる。そうしたことは、映画全般についていえることですが、とりわけ、ある種のドキュメンタリー映画を見ていて、顕著に実感される特徴といえるかもしれない。そしてそれは、今おっしゃったように『阿賀に生きる』と『阿賀の記憶』をたて続けに見たり、『阿賀に生きる』の中に『阿賀の記憶』を挿入するかたちで、佐藤さんが上映してみせた時に露わになったことなのだろうと思います。『SELF AND OTHERS』も写真（家）を題材にしつつ、そんな問いかけをストレートに遂行する素晴らしい映画なわけですが、一方で、佐藤さんが「不在」の方向、つまり見えないものを映す方向に進んでいったことが、はたして佐藤さんにとって良かったのか。『阿賀に生きる』にあった魅力が、ある意味で抑圧されていく面もあったのではないか。否定的に言っているつもりはないんですが、ふとそう思うところもあって、それは『阿賀の記憶』という映画に対する僕のクエスチョンでもあります。八角さんはその辺りはどう思われますか。

八角　北小路さんがおっしゃったように『阿賀に生きる』という映画はいろんな意味で画期的な映画でした。いわゆる小川プロ的な撮影方法、つまり撮影対象のところに住み込んで、一緒に生活しながら撮るという方法が成立した最後の映画と言えるかもしれない。一方で、小川プロがやっていたような形での自主上映や、小川紳介が個人で借金して撮るようなやり方ではなくて、製作委員会を作って細かい寄付を集めて資金を調達する。上映場所に関しても、新潟水俣病をテーマにするようなドキュメンタリー映画が、シネ・ヴィヴァン六本木といった一般の映画館でロードショー公開されるというのは当時かなり珍しいことでした。そういうことに先例をつけた映画でもあります。佐藤真はいろんなところで言っていますが、最初はとにかくドキュメンタリー映画作家になるということよりも、「まずこの映画を作るんだ」ということしか頭になかったと。しかし、これを撮ったからには、ずっと何かを背負い込んだようなところがその後もずっとあった。『阿賀の記憶』も、『阿賀に生きる』に対してどこかで落とし前をつけないといけないという意識があったんだと思います。ただ、ご承知のように『阿賀の記憶』も最初は別に落とし前をつけようと思って撮り始めた映画ではなく、『SELF AND OTHERS』の延長で「写真をテーマにした映画を作る」ということだったのが、企画を進めるうちにああいう映画になっていったということのようですね。

ときどき過去のフィルムの断片などが出てきてジョナス・メカス風になったりするし、なんとなく映画の雰囲気がセンチメンタルになってきたと思ったら、渡辺参治さんという未認定患者のおじいさんが出てきて歌い出す。あの方は『阿賀に生きる』にはまったく出てこない人ですが、もちろんその当時から佐藤さんはじめスタッフはよく知っていて、つまりあの人は『阿賀に生きる』の世界、阿賀に生きる人々の日常を見つめつつ、新潟水俣病があぶり出されていくという世界に収まりきらない人だった。だから、単純な続編でもなければ後日談でもないという感じで撮られている。あえて言えば、写真というテーマが、まさに「不在」っていうことに繋がっていくということは言えますね。

また、声の問題というのがあります。『阿賀に生きる』はある意味では「普通」に撮られたドキュメンタリーで、タイトルの通り、生きている人が出てくる。さっきの話で言えば、誰もが声と身体の一致を生きているように見える。でもそこからだんだんその声と、映像のズレみたいなことが起こっていくわけです。声の主題というのが、『SELF AND OTHERS』あたりから前景化してきて『阿賀の記憶』ではもう完全に声が分離されてしまう。

それから『阿賀に生きる』に落とし前をつけるみたいなことで言えば、あの映画は三年間、スタッフが共同生活をして、農作業を手伝ったりしながら撮っていたわけです。そうすると撮る側と撮られる側の距離がだんだん近づいていく。それが作品にも表れてくるのが感動的なところなんですが、しかし映画が終わると、スタッフは去って行ってしまうわけです。遠藤さんたちが作った舟が無事完成して、進水して、皆で酔っぱらっているところで、遠藤さんが車の中から、「また遊びに来なせえ」と言う。それは、あの舟作りの現場を撮っていたスタッフがもういなくなってしまう予感がしているということを示しています。それから最後のシーンで長谷川さんがやっぱり「また遊びに来なさい」と言う。撮られる側も、映画の撮影が終わりに近づくにしたがって、彼らが去って行ってしまうことを徐々に気付きつつあるわけです。これは結構、つらいことですよね。ああやって七人の若い男性スタッフが何年も農作業を手伝っていたりすると、貴重な労働力としてもう不可欠な存在にもなっている。老人たちももちろん皆、頭では理解しているけれど、「え、いなくなっちゃうの?」っていう感じがどこかではあって、当然それは撮影スタッフの方も感じている。スタッフの中には、その後もあそこに残った人もいるようですけど、だからといってじゃあそこでとどまれば倫理的かというと、そういうことでもない。つまり、あの土地にあれだけ近づいているけれども、しかしやっぱりよそ者、まさに「OUT OF PLACE」なわけです。やっぱりその「OUT OF PLACE」っていう感覚は、具体的にはもう既にあの映画から始まっている。東京に帰って映画は評判になって、世界中の映画祭に招待される。一方で阿賀では、あそこに出ていた人たちが次々と死んでいってしまう。そういうなかで、どこでこのことにケリをつけるか、という感じはずっとあったんだと思います。だから最初は写真をテーマにした映画だったけれども、どこかでそういうところに引っ張られていったという感じがあるのではないでしょうか。

「行動する身体」と「不在」の相関

北小路『阿賀に生きる』の面白さと言えば、たとえば、冒頭で老夫婦の農作業を映すときの、低い位置からのカメラの近さ。身体がそこにある。しかも、その身体は年老いていて、いわゆる活発な身体じゃないですよね。今お話しされた、「声の主題」とも関わりますが、ジル・ドゥルーズなんかが「現代的な映画」の特質として、音声と映像の分離ということを言いますよね。そして、もうひとつ、「現代的な映画」を定義づけるうえで、とても重要なポイントとして出てくるのが、「身体をどう捉えるのか。私たちは身体のことをわかっていない。現代映画はそれを追求するのだ」ということでした。それはヌーヴェルバーグから始まっているかもしれないし、フィリップ・ガレルやジャン・ユスターシュ、ジョン・カサヴェテス、諏訪敦彦さんの作品からもそういう意識が感じ取れる。そして佐藤真もその系列に属するのかもしれない。

八角　「行動する身体」という問題ですね。

北小路　ただ、いわゆるアクション映画でのそれのような何らかの目的に沿って効率的に動く身体では毛頭ない。『阿賀に生きる』では、身体が冒頭からすごく強烈に出てくる。さっきの、生者も死者も映画においては対等であるという話と齟齬するように聞こえるかもしれないですが、そこにやっぱり身体がボーンと出てきて、それを映画にしている。面白いのは、舟を作る遠藤さんにしても、それまで動く気もなさそうだった人が、不意に爛々と目を輝かせて動き始めるという局面があります。それは、ハリウッド的なアクションではない形での、佐藤さんなりのアクションですよね。鉤釣りの長谷川さんにしても、不意に背筋が伸びてしまうというように。そんな身体の在り方、身体の変容を目撃できるということが、あの映画の魅力のひとつです。

　僕は『花子』が大好きなんですが、『花子』においては、「コントロールできない身体」が登場します。いわゆる「障害者アート」を扱った作品として『まひるのほし』と『花子』が挙げられますが、『阿賀に生きる』の後に佐藤さんが着目したのは、社会における障害者問題ということよりも、身体の在り方、動き方、「身体をどう捉えるのか」ということだったんだろうと思います。『まひるのほし』という映画は、自分を表現しようとして絵を描いているのか、あるいはきれいな何かを見てそれを残そうとして描いているのか、そういうことも全然わからないかたちで身体が動いてしまう、そうした被写体を撮っている。花子さんが自分を殴りつけるような行為をしたりしている様子も撮っていて、『花子』はある種特異なアクション映画なわけですが、そこで見られる身体の在り方は、いわゆる古典的な「コントロール出来る身体」ではない。そうした部分が、「不在」という方向に行った時に、どうしても消えてしまうような気がするんです。『SELF AND OTHERS』や『エドワード・サイードOUT OF PLACE』という映画ですね。サイードは亡くなってしまっている。だから、どうしても不在をめぐる映画になる。でも、『エドワード・サイード OUT OF PLACE』でもやっぱり面白いところは、エドワード・サイードから遠ざかる時で、パレスチナの難民キャンプにカメラを持って入って、そこに居る人達を映し出す時。あるいは、イスラエルに暮らすユダヤ人である普通のおばさんが、自分が生まれ育った場所について話をしている様子を撮る時であり、そこではどこか『阿

よね。

八角　そうですね。だから「行動する身体」から受動的な「知覚する身体」へという図式では単純に捉えられないし、魅力的な身体であるけれども、おっしゃる通りハリウッド的な身体や行動ではなくて、身体の「不能」に近づいた存在のアクションですね。その意味で言うと、『阿賀に生きる』のあの老人の身体から『花子』へと繋がっているし、パレスチナ難民たちの身体にも繋がっている。しかし一方では、「不在」っていうのもずっと描かれていて、『花子』という映画も、花子さんの身体の動的な魅力というものもありますが、同時に花子さんのお姉さんが重要な登場人物でいながら声と写真と後ろ姿しか出てこない。花子さんのアクションに対して、姉は画面には姿を現さない人物という構造になっている。それから、『花子』にも写真のテーマというのはあって、そもそもあの花子さんの「食べ物アート」が「アート」として認められたのは母親が毎日それを写真に撮っているからなんですね。いわば写真を媒介にしてアートが成立して流通していくことによって、花子さんの存在に光に当たる。そういうこともあの映画には含まれている。

「阿賀の記憶」©カサマフィルム　2004年

だから「不在」というテーマもずっと繋がってはいると感じます。

北小路　まさにコントロール出来ない形で、ここでの話もその不在の方に進んでいくことになりますが、八角さんは写真についてよく考えていらっしゃる方なので、「不在」というテーマに関連するであろう、佐藤さんの写真への関心について、あらためてお話し頂けますか。

八角　間違いなく、佐藤真はずっと写真に強い関心を持っていました。これは、いろんな角度から言えると思いますが、写真はまさに撮影する主体によってコントロールできない領域があるわけです。写真家が写真を撮ると言っても、写真は必ずしも写真家に帰属するものではない。カメラという機械が撮る以上、まったく意図しないものが映ってしまう。もちろん、原理的には映画だってそうなんですが、写真の場合はそこに「不在」という問題が関わってくる。映画は過去に撮られていても基本的に現在進行形なんですね。たとえば原節子が死んだからと言って、『東京物語』を見る時に痛ましい気持ちになるわけでもない。むしろずっと生きているような感じがしているわけです。ところが写真というのは、常に過去を指向していて、「不在」を喚起してしまう。カメラの視覚は人間の視覚とまったく違うわけだから、写真に映っているものは当然「カメラが見た」もので、そうすると写真に映ったものって、その時、人間は誰も見ていなかったわけです。撮影者がリアルタイムで見ていたものとも異なっていて、それが過去にあったという形でしか見ることができないイメージなんです。過去にあったことは確かなんだけど、現在形では誰も見ていなかったものが写っている。それが、写真の根本的な不思議さというか、魅力です。改めて考えてみると、『阿賀に生きる』の中にも、あの未認定患者の会合の席で、みんなで記念撮影するところのストップモーションとか、長谷川さん夫婦が最後にピシッとして静止して、「はい、いいですよー」と言われて緩む、というように、動いている映像の中で被写体を止めてしまうということは『阿賀に生きる』の時からずっとあるような気がします。写真という「不在」のイメージへの接近とともに、佐藤真は自分で意識的にコントロールできないようなものの方へ、どんどん近づいて行った感じっていうのは、すごくありますよね。

北小路　ということは、僕はどちらかというと、佐藤さんにおける、花子さんのコントロールできない身体への関心と、「不在」という方向に行くベクトルが、相反するものであるというような言い方をしていましたが、八角さんの考えではそれはパラレルだということですか？

八角　半分は別方向かもしれませんが、裏表になって繋がっているという感じがします。

北小路　なるほど。それこそ『阿賀に生きる』の、未認定患者の集まりでの記念撮影のシーン、記念撮影している様子を映画のカメラで撮っていて、「すいませんフィルム無くなりましたー！」と言って改めてまた撮り始めるシーンが思い起こされます。佐藤さんの中には、アウトテイクへの志向があるのではないか。普通だったらボツでしょうというものを、ボツにしない。だから、変な言い方ですが『阿賀の記憶』はもはや、アウトテイクだけで出来ていると言ってもいい。それが、佐藤さんの方法論になっている。

八角　そうですね。だから「日常」というのはそういうことですよね。いわゆる日常では必ずしもなくて、人間的な意味や社会的な有用性に還元されない領域を指している。たとえば『阿賀に生きる』で言うと、裁判にみんながバスで出かけて行くシーンで、裁判所に入って行くところにはテレビの取材らしき人たちが沢山いて、原告団を撮っている。だけど、テレビのカメラは原告たちが固い表情で裁判所に入って行くところは撮っても、バスの中で笑いながら無駄話をしているところは決して撮らないわけです。そういった、一般的なドキュメンタリーでは映されることはない、少なくとも作品に残ることはない部分をどう撮っていくか、作品にしていくか。そのことは老人や障害者の身体への、それも意味に収束することのない身体へのまなざしの問題とも重なってきます。

写真というテーマで言えば、たとえば『阿賀に生きる』では遺影も出てきます。加藤作二さんの弟の遺影があって、その遺影を見ながら皆が「そっくりだ」って言うシーンが妙に気にかかるんです。写真が実物にそっくりだってどういうことなんだろうなと、素朴ながら根源的な問いですが、あのシーンを観るたびに考えさせられます。

北小路　動く映像として撮るということと、写真で撮ることの違いがよくわかっていないところがありますよね。あれ面白いですよね。

八角　もちろん現場の用語で映画のことを「シャシン」って言いますが、それとは違う問いが出てくる。「写真を撮られると魂を盗られる」みたいなことを加藤のおばあさんが言っていたりもしますよね。映画を観た後であの言葉を改めて思い起こすと、これもまた考えさせられるところです。

遊びたいが遊びきれないせめぎ合い

北小路　八角さんがおっしゃったように、『阿賀に生きる』は、日本の小川紳介や土本典昭たちが作った、世界でも特異なドキュメンタリー映画の制作方法を最後に継承するかのような映画である一方で、とても新鮮でもあった。たとえば、小川さんや土本さんなら絶対入れないようなカットを、佐藤さんは入れる。さっきの倫理の話でいくと、小川紳介さんたちは、三里塚で撮る時に農作業を手伝ってしまうと、自分たちがいわば外部の存在、あくまでも映画の制作者であることを忘れてしまうと懸念していた。村の人達は成田空港建設反対闘争に専念できるわけではない。なにしろ権力側はずるくて、農作業が忙しい時に限っていろいろ仕掛けてくる。映画の撮影スタッフも心情的には彼らの農作業を手伝いたいし、むしろその方が楽なんだけど、手伝っちゃいけないというのが小川プロのやり方でした。でも、佐藤さん達は手伝ってしまうわけですよね。そして小川さんたちだったら切ってしまうであろうカットを映画に取り入れる。そうした方法論の違いもあった。そう考えると、やっぱり『阿賀に生きる』は、何かの終わりであり始まりでもあるという局面で生まれた、画期的な映画だったと思います。

　話が少し変わりますが、あるいは、先ほどのアウトテイクの話と関わるのでしょうが、僕は佐藤さんって、「遊びたがっていた人」じゃないかと思うんです。『日常と不在を見つめて』という本のなかに「あらゆる芸術家は不幸である」という文章があります。僕が思うに、佐藤さんという人は、普通入れないカットを入れるということも含めて、あるいはそれが『花子』の魅力とも繋がるわけですが、「遊び」とシリアスな「芸術」、芸術的な制作活動のあいだにあると想定される区別をなんとか壊し、遊びたい、と考えている。だけど、佐藤さんはたぶん、遊びきれない人だったと思うんですね。それが『阿賀の記憶』に対する僕のクエスチョンで、あれは本来ならとことん遊ぼうとしている映画だと思うんです。だけど、どこかで遊びきれていない。一方で『花子』を見ていると、そうした遊びへの志向が、とってもうまく作品に結実していると思う。たぶん、遊びと表現や創作の区別がないであろう、花子さんが、佐藤さんにとって理想的な存在であったからではないでしょうか。それは、我々が知っている佐藤さんの人となりとも繋がると思うんだけど、学生とすごく楽しそうに遊んでるんだけど、不意に我に帰っちゃうというか、なんか遊びきれない。それが彼の不幸で。先ほどの「あらゆる芸術家は不幸である」というエッセイのタイトルに戻ると、芸術家は社会の中にすんなり属さない、属すことが出来ない、「OUT OF PLACE」なんだ、という主旨ですけど、佐藤さんの不幸は、ある意味では不幸になりたいんだけどなりきれない、と同時に、遊びたいんだけど、遊びきれない。そのせめぎ合いが、とりわけ「不在」がテーマになっている時に顕著に出てくるなあと感じます。ですから、あのエッセイを読んで、ちょっとハッとしました。

八角　「あらゆる芸術家は不幸である」っていうのはたぶん正確に言うと、「あらゆる芸術家は不幸であると自覚してしまった芸術家が不幸」なんですよね。他人事ではない自覚がありすぎるなかで「あらゆる芸術家は不幸である」という言葉が出てくる。佐藤真は内省的にとてもよく考える人でしたから、そういう意識が強すぎて遊びきれない。本人はよく「いやー、何も考えてなくて」とかって口癖のように言うんですけど、それは私なんかだと本当に何も考えていないんだけど、佐藤真の場合はすごくちゃんと考えた上で、あるいはだからこそそういうふうに言うわけですよね。印象的だったのは、学生によく「眠れる映画はいい映画なんだよー」なんて言って、実際、佐藤さんも映画を見ながらよく寝てたんですが、佐藤さん自身の映画は決して眠くならない。それはもしかすると弱いところかもしれないですね。本当に眠くなるような映画はやっぱり作れなかったのか、作らなかったのか。

北小路　京都造形の映画学科が出来た当初、つまり、佐藤さんが教員だった最後のころ、夏休み期間だったと思うんですけど、たまたま僕が研究室に居合わせた時に、佐藤さんが授業に出かけるというタイミングがあって、彼は「マルグリット・デュラスの『インディア・ソング』を観せるんだ。みんな寝るだろうなあ」とか言いながら教室に向かうんです。そして、何時間か後に、「いやあ、僕が寝ちゃったよー」とか言って頭をかきながら帰って来る（笑）。でも今八角さんがおっしゃったように、たとえば河原の土手からの俯瞰の横移動撮影が延々と続く、みたいなことを、デュラスだったら平気でやるでしょうし、佐藤さんにももっとやってもらいたいと思ったりすることがあっても、彼はきっと切ってしまうんです。

八角　うん、そうですね。

北小路　ですからデュラスや、あるいはジャン＝マリー・ストローブとダニエル・ユイレのような「野蛮さ」、すごく厳格であるがゆえに、それがいつしか遊びとしか思えないようなところまでいく境地には行けない、というか行かない。そうした志向もあるが、どこかで抑止が働く。それが、まさに眠れない映画なのかもしれないですね。ストローブやデュラスの映画を観ていたらガンガン眠れますから（笑）。本当はもっと快楽に浸りたくて、そういう人間になりたいんだけども、どうもストップをかけてしまう。頭が良すぎるのかもしれない。

そこで、これは私のように映画について考えたり文章を書いたりする者の立場から、反省も込めて言っておきたいのですが、日本語で読めるドキュメンタリー映画に関する理論なり、歴史なりに関して、佐藤さんがいちばんまとまった形で書いてくれているわけです。佐藤さんに限らず、小川紳介さんの場合、もっぱら談話のようなものになりますが、すごく刺激的なドキュメンタリー映画論、ドキュメンタリー映画史を語っておられるし、土本典昭さんもとても鋭い文章を残しておられる。それはひょっとすると日本のドキュメンタリー映画に特徴的な面白い部分かもしれませんね。映画監督が同時に理論家でもある。そうした系譜の点でも佐藤真が最後なのかもしれません。佐藤さんは、映画監督でありながら先生もやり、同時に理論も書く。そうした何重もの役回りをやっぱり佐藤さんが演じなければならなかった。自ら進んで書いているのでしょうが、そこが、言ってみれば佐藤さんの不幸だと思う。

この点については今後もっと深く考えてみたいと思いますが、作品は作家に帰属しない、といったこともおっしゃっていますね。それを念頭に置くと、『阿賀の記憶』の微妙なところは、自分がそこでかつて撮ったものをもう一回、記憶として蘇らせる形で、「私たちのものだ」と言っているかのような点にあるのかもしれない。『エドワード・サイード OUT OF PLACE』でも、自分たちで撮ったフッテージを、サイードの奥さんとか現地の人に見せたりして、自己言及性みたいな部分が出てくるんですね。それは先ほど、八角さんがおっしゃった言葉を使わせていただくと、自分が不幸であるということを意識せざるを得ない人の不幸という気がする。

八角　そういう自意識の限界みたいなことをよく考えて

いるからこそ、そこから逃れようとするわけですよね。

北小路　遊びきれないというのはそういうことで、だからこそ、また遊ぼうとするわけですよね。振り返ってみると、今日はどうも「あらゆる芸術家は不幸である」に影響を受けて話し過ぎてしまった感があるので、最後に佐藤真を真正面から称えたいと思います。先ほどから話してきたことは、ほぼすべて佐藤真の偉大さを物語るものでもある。遊びきれる野蛮な映画作家の偉大さがある一方で、遊ぼうとしながら遊びきれない作家の聡明なる偉大さ、野蛮さを志向しながらその手前で止まる映画作家の偉大さもある、ということです。そして、もし彼が理論家や教師の役回りを演じることがなければ、どんな映画を撮っていたのか、などと想像しても無駄であり、むしろ、彼が優れた理論家や教師でもあった幸運を喜ぶべきでしょう。今後も彼が残した書物を読む人が無数に生まれ、彼の教え子がいろいろな場所で活躍するはずです。実際、僕は『花子』や『SELF AND OTHERS』といった映画が大好きなんです。

八角　コントロールしない作品を作るっていうのは根本的な矛盾を抱えているわけで、当然そのこと自体もずっと意識していたんだと思います。やはり『阿賀に生きる』はいろんな意味で奇跡的にできちゃったという感じがあって、あれと同じことは二度と出来ない。そういう自覚があったんじゃないでしょうか。ドキュメンタリー映画の歴史から見ても、佐藤真の個人史から言っても、あの時にしか撮れない映画だった。つまり、すでに当時でも、「今更、阿賀に行ってドキュメンタリー撮るの？」というふうに周りには言われていたはずですし、何年かして被写体になった人達が死んでしまっていたら、もう『阿賀に生きる』は撮れなかったわけです。スタッフのほうも若くないとああした撮影はできないとか、結果的に最後のチャンスみたいなところを捉えて、あの映画が撮れた。そしてそれを撮った後、ますますそのことを自覚せざるを得なかったところから、その後の佐藤真の苦難が始まっているとも言える。『阿賀に生きる』を撮るときの苦難とは別の苦難が始まっている感じがします。

「野蛮さ」の手前にとどまるという北小路さんのお話に重ねて改めて思うのは、佐藤真は終生ドキュメンタリー作家だったということです。もちろんドキュメンタリーとフィクションに本質的な違いはないと思っていますし、「佐藤真はドキュメンタリー作家である以前に映画作家である」というような言い方を、ドキュメンタリーに関する通念に釘をさすつもりで私もしてきましたが、佐藤さんはやはり一貫してドキュメンタリーのもつ社会的な力や倫理について考えていた。そしてそのぎりぎりの場所を歩みつづけたからこそ、「ドキュメンタリーはフィクションである」という、ある意味では常識的な主張を繰り返したことにも、計り知れない重みがあるのだと感じます。

（二〇一六年六月三日　場所：立誠シネマプロジェクト）

北小路隆志（きたこうじ・たかし）　一九六二年生まれ。映画批評家。京都芸術大学映画学科教授。新聞、雑誌、劇場用パンフレットなどで映画評や書評を中心に執筆。主な著書に『王家衛的恋愛』（ＩＮＦＡＳパブリケーションズ）、共著に『映画の政治学』（青弓社）、『アピチャッポン・ウィーラセタクン——光と記憶のアーティスト』、『エドワード・ヤン　再考／再見』（以上、フィルムアート社）他。

八角聡仁（やすみ・あきひと）　一九六三年生まれ。批評家。近畿大学文芸学部文学科教授。文学、演劇、ダンス、映画、写真などに関する論考多数。編著に『現代写真のリアリティ』（角川書店）、『土方巽：言葉と身体をめぐって』（角川学芸出版）など。

SELF AND OTHERS

二〇〇〇年（五三分）
監督：佐藤真　製作：堀越謙三
撮影：田村正毅　録音：菊池信之
音楽：経麻朗　声：西島秀俊、牛腸茂雄　スチール：三浦和人　編集：宮城重夫　資料調査：大倉宏
撮影助手：池内義浩　編集助手：長坂智樹　助監督：吉田賢一
◎一九八三年、三冊の作品集を残し三六歳で夭逝した写真家、牛腸茂雄。記憶に深く食いこみ、魂を揺さぶるような力を備えている牛腸茂雄の写真。残された草稿や手紙と写真、肉声をコラージュし、写真家の評伝でも作家論でもない新しい映像のイメージを提示する。

阿賀の記憶

二〇〇四年（五五分）
監督：佐藤真　プロデューサー：矢田部吉彦　撮影：小林茂　録音・音構成：菊池信之　編集：秦岳志
音楽：経麻朗　撮影助手：松根広隆、谷詩文　録音助手：福本明日香　現場録音：鈴木彰二、加瀬澤充、久世圭子、福本明日香　ネガ編集：長沼ヨシコ　助監督：山岡央
◎「阿賀に生きる」から一〇年。かつて映画に登場した人々や土地に再びカメラを向け、人々が残した痕跡に一〇年前の映画作りの記憶を重ねていく。人々と土地をめぐる記憶と痕跡に向き合い、過去と現在を繊細かつ大胆に見つめた詩的ドキュメンタリー。

エドワード・サイード OUT OF PLACE

二〇〇五年（一三七分）
監督：佐藤真　企画・製作：山上徹二郎　協力プロデューサー：ジャン・ユンカーマン　撮影：大津幸四郎、栗原朗、佐藤真　整音：弦巻裕　編集：秦岳志　助監督：ナジーブ・エルカシュ（アラブ側取材）、屋山久美子（イスラエル側取材）、石田優子　翻訳・監修：屋山久美子
◎二〇〇三年九月、パレスチナ出身の世界的知識人、エドワード・サイードが亡くなった。サイードの精神の在り処を求めて映画の旅が始まる。イスラエル・アラブ双方の知識人たちの証言を道標に、サイードの意志と記憶を辿る。

導く人、佐藤真

石田優子

彷徨いつづけることを認める

映画監督の石田優子は、一九九九年から始まった映画美学校のドキュメンタリー・コースで佐藤真の教えに触れた。その後、社会に出てからは『花子』の予告編編集、そして『エドワード・サイード OUT OF PLACE』の助監督を務める。佐藤真の二つの顔を知る石田が、穏やかな師としての横顔、そして、映画制作の舞台裏での気迫あふれる監督としての横顔、間近で捉えた二つの顔について語る。

（聞き手：井上経久／新潟・市民映画館シネ・ウインド支配人）

生徒の「揺れ」に寄り添ってくれる先生

――石田さんが佐藤真さんと出会ったのは映画美学校ですか？

石田　はい。佐藤さんが主任講師を務めたドキュメンタリー・コースは九九年にスタートした、社会人から学生まで幅広い世代が夜の時間帯に通うワークショップでした。私は学生時代は写真部で、人物の写真を撮ったり現像したりしていました。映画を作るってどういうことなんだろうと興味を持っていた時に、映画美学校で講座が始まるのを知りました。実はそれまでドキュメンタリー映画も佐藤さんの作品も、見たことがありませんでした。

――佐藤さんの第一印象はいかがでしたか。

石田　初めに「先生」ってお呼びしたら「先生って言わないでください」と返されたのが印象的でした。講座は、学校らしく方法論を教えるというものではありませんでした。佐藤さんが面白いと思うドキュメンタリーを一緒に観て語る、また、佐藤さんは『ＳＥＬＦ ＡＮＤ ＯＴＨＥＲＳ』を制作している頃だったので、映画を作りながら考えていることを話されていました。当時、佐藤さんはフィクションとドキュメンタリーの境界にテーマを持っておられ、同じく美学校の講師だった諏訪敦彦監督も、近いことをフィクションの側から考えておられて、お二人の議論を生徒と一緒に共有するような雰囲気だったんです。その後、生徒が撮ってきた作品の講評をするようになるんですが、改めて思い返すと、佐藤さんはずっと生徒に寄り添ってくれるような先生だったなと。ドキュメンタリーを撮るということは自分が気になる対象と向き合うことですが、では撮る側の自分はどういう人間なのかということにも向き合わざるを得ない。だけど撮り始めて気づくのは自分が不確定で、揺れているということなんですね。佐藤さんはそういう揺れをよくわかりながら、私たちの映画づくりに付き合ってくれていたと思います。佐藤さんも一人の作家なので、好みの作品も生徒との相性もあったと思うんですが、誰に対してもずっと寄り添って側にいてくれる。だけど甘えようとするとパッと突き放される。当時の仲間が、「美学校に通って講評を受け、佐藤さんに見てもらってさえいれば映画が完成するように思っていた」と言ったのですが、確かにそうだったんですよね。私たちは作家としての佐藤さんの作品や、著作に影響を受け、非常に尊敬していましたが、同時にみんな佐藤さんのことが大好きでした。講座は一方的に話を聞くというよりは語り合う場で、終わってからは「じゃあ続きは飲み会で」と必ず夜遅くまで、いや翌朝まですごく安い居酒屋でみんなで飲んで語り合っていました。

——みなさんついていく感じだったんですか。

石田　みんな朝まで。ただそういう場で何を語っていたか、酔っ払っていてあまり覚えてないんですよね。だけどやっぱり佐藤さんの存在が大きくて、私なんかは言葉を交わした回数は少なかったはずなんですが、佐藤さんは私のことをちゃんと見てくれているという安心感を持っていました。生徒というよりは、映画を作ろうとしている者として私たちに関わってくださって、私たち自身もどこか作家同士という感覚を持たせてもらっていたように思います。

——佐藤さんの教えを受けることで、映画の見方が変わっていきましたか?

石田　そうですね、映画に限らず、この世界をどう見つめるのか、社会と関わる姿勢を佐藤さんの映画作りの姿勢から学ばせてもらったのだと思います。

彷徨い続けることを認める

——お仕事で佐藤さんと新たな繋がりが生まれますね。

石田　はい。大学を卒業して、映画美学校も修了して、シグロという映画制作会社に入りました。シグロでは『まひるのほし』『花子』『ＯＵＴ ＯＦ ＰＬＡＣＥ』などの制作をしていますが、私の最初の仕事は『花子』の予告編編集でした。その時はもう、佐藤さんとは先生と生徒という関係ではないので、非常に緊張して編集したものを見てもらいました。佐藤さんは「フフッ」っと笑って「石田さんは僕の映画をこういうふうに見たんですね」とそれだけしか言わず、評価はなし。その時の目が怖かったですね。結果、その予告編は使っていただきました。

——その後、佐藤さんはイギリスに海外研修に行き帰国した後、石田さんは『ＯＵＴ ＯＦ ＰＬＡＣＥ』で初めて助監督としてご一緒するようになったんですよね。

石田　はい。それまで私は主に事務所で仕事をしていたので、現場に行くのはほぼ初めてでした。佐藤さんは二年程の間に、二週間から一カ月間、中東やアメリカの撮影に何度も行きましたが、私はシリアでの撮影に一度だけ同行しました。現地での撮影は大変で、たとえば撮影には情報省の許可が必要な上、ダマスカスでは日本語のわかる職員が常に撮影に立ち会って監視している。でも私たちは政府にとって都合の悪い状況も撮りたい。だから夕方四時過ぎになると、「今日はこれで撮影を終えます」と一旦解散して、宿に引き上げるんです。そして暗くなってから難民キャンプへ出かけて撮影するようなこともしていました。

——そういう意味では繊細な判断が必要だったと。

石田　ですから佐藤さんは言葉がわからない国で、今何が起こっているのか、何を聞くのか常に考え、緊張していたと思います。私も厳しく言われることがありました。私は現場では録音担当をしましたが、基本的には荷物持ちです。でも本当にモタモタしてしまって「撮影するよ」っていう時にスッと録音機材を準備できない。だから「クビになるんじゃないか」って必死で二週間の撮影について行きました。撮影の終わりには、佐藤さんに「石田さん少しずつ良くなったね」と言ってもらえ、無事にその後の編集にも立ち会わせてもらえました。

——撮影現場での佐藤さんはどうだったんですか。

石田　サイードが残した本を頼りに佐藤さんが思うサイ

ード的な人、コーディネーターでシリア人のナジーブ・エルカシュさんが勧める人、またはサイードのことをまったく知らないけれど、サイードゆかりの地で出会った人たちにインタビューしていくというものでした。英語がほぼ通じない世界で、アラビア語ができない佐藤さんは出会う方々に対して、とにかくニコニコして「マルハバ！［こんにちは］」と「シュックラン［ありがとう］」の二言を、もう最大限に繰り返していました。佐藤さんの笑顔だけで何かが伝わるようで、皆さん快く撮影に応じて下さいました。また、カメラマンによるメインの撮影とは別に、佐藤さんも小さなカメラを持ってちょくちょく撮影していました。たとえばナジーブさんがアレッポで「ここは歴史のある美しい都市なんです」と誇らしげに案内すると、佐藤さんは「綺麗って言うけど、古くて埃かぶっていてそんなに綺麗じゃないよね」なんて、わざと仕掛ける。するとナジーブさんが「違いますよ佐藤さん、ここがどんなに美しく、素晴らしい街か」と、ちょっとテンションを高めて主張する。それを佐藤さんはすかさず自分の小さなカメラで撮るんです。

——なるほど。演出ですね。撮影を終えて帰国してからは、石田さんはどんなことに関わられたんですか？

石田　編集段階では、サイードの著作をとにかく読み込んで、このカットにはこのテキストが合うんじゃないかという箇所を抜粋する作業などをしました。映画の中で朗読になっている部分ですね。

——完成は二〇〇五年でしたね。

石田　はい。二〇〇六年には上映がひととおり終わって、二〇〇七年の二月に、毎日映画コンクールのドキュメンタリー映画賞を受賞しました。当時、佐藤さんは体調を崩されていましたが、授賞式には体調を整えて参加されました。この時の言葉に佐藤さんのメッセージと、サイードに対しての向き合い方が表れていると思うので、紹介させていただきます。

「サイードの『OUT OF PLACE』という言葉ですね、「ある場所から離れて彷徨い続けること」というふうに、中野真紀子さんが翻訳をされたのですが、あるべき場所から離れて彷徨い続ける人たちは、パレスチナ難民、あるいは二千年のディアスポラの歴史を持つユダヤ人だけではなくて、我々日本人も彷徨い続けている人間ではないか、というふうに実は最近思うようになりました。ですからこの映画は、パレスチナについてではありますけれども、別の意味では現代社会において我々は、いつもどこかあるべき場所から離れて彷徨い続けているかもしれない、という疑問とですね、それでも彷徨い続けることを緩やかに認めればいいんではないか、ということを啓示してくれたんではないかというふうに思うんですね。もし、エドワード・サイードが生きていたとしたら、今のレバノンの戦争について何を語ったんだろうかと僕はずっと思っていたんですけれども、イスラエル軍の侵攻についても反対をしたでしょうけれども、同時にあらゆる自爆テロと、それからサダム・フセインの粛清に関しても反対をしただろうというふうに思っています。我々映画人ができる唯一のことは、あらゆる戦争とあらゆる死刑制度に「ノー」ということではないかと。それをエドワード・サイードは『OUT OF PLACE』という言葉に託して残したのではないかな、と今思っています。」

アメリカで上映された時、観客から「この映画はパレスチナ問題に迫っていない、緩いんじゃないか」と批判が上がりました。しかしサイードの妻、マリアムさんは「この映画にサイードはワンシーンも映っていないけれど、すみずみにサイードを感じます」と返しました。佐藤さんはサイードが亡くなった所から『OUT OF PLACE』という映画づくりをスタートし、サイードとは一体どんな人物なんだろうと、様々な人に出会う旅をして映画を完成させました。今回の特集上映は全国をまわっていますが、佐藤さんに会ったことはないという方によって「佐藤さんってどういう人物なんだろう、全部観てやろう」ということで上映が企画されています。佐藤真監督がサイードに向き合ったやり方とどこか通じるものがあるのではないかと感じながら、参加させていただきました。

(二〇一七年九月二三日　場所：新潟・市民映画館シネ・ウインド)

石田優子(いしだ・ゆうこ)　ドキュメンタリー映像作家。一九七八年東京都生まれ。映画美学校ドキュメンタリー・コース一期生。映画制作会社シグロのスタッフとして『エドワード・サイード OUT OF PLACE』の助監督を務める。監督作に『はだしのゲンが見たヒロシマ』(二〇一一)、著書に『広島の木に会いにいく』(偕成社)がある。

佐藤真の視線で――

直接の師であったり、間接的に映画や本で触れたりと違いはあれど、佐藤真が映画づくりにおいて模索した姿勢や佐藤が示した社会の見方を、その後の人生や表現活動のなかでずっと持ち続けている人たちがいる。本項は、佐藤真作品の真髄とも言える編集作業を共にし、その遺志を引き継ぐ編集マン、秦岳志が企画したトークから一部抜粋して収録する。

（聞き手：秦岳志、清田麻衣子）

佐藤真の視線で――（1）

林建太　見ているつもりで見ていなかったこと

（「視覚障害者とつくる美術鑑賞ワークショップ」主宰）

見える人が見えない人に〝説明〟しない

清田　林さんは映画美学校で佐藤さんの授業を受けていらっしゃいました。ただ林さんの場合は映画のフィールドではないところで佐藤さんの影響を受けながら活動をしています。すごくユニークな活動ですが、少しご説明いただけますか？

林　全国の、主に美術館で、目の見える人と見えない人が言葉を介して美術鑑賞をするプログラムで「視覚障害者とつくる美術鑑賞ワークショップ」というものを主催しています。佐藤さんとの出会いで言うと、僕はドキュメンタリーの〝ド〟の字も知らずに映画美学校のドキュメンタリーワークショップに入りました。すでに介護福祉士の資格を持っていて、昼間は福祉の仕事をして、夜はワークショップに参加していました。まだ障害とか福祉について、明確な問題意識にもなっていない不安や迷いを持ちながら、その気持ちの出口として見つけたのが佐藤さんの授業でした。僕は映画とかドキュメンタリーそのものというより、佐藤さんの映画への姿勢みたいなものに惹かれていたんだと思います。だから、先生と生徒という関係なんですが、僕は映画の世界に進むわけじゃないし、そういう覚悟があって入ったわけでもないので、今思うと、そこは見抜かれていたんだろうなと思います。美学校の同級生たちから「ケンちゃん」って呼ばれていたんですが、佐藤さんもそう呼んでくれて。僕が提出した映像を見ても常に、どうするかを教えてくれるんじゃなくて、ニコニコしながら「ケンちゃんはどうするんだい？」って逆に尋ねてくる。それで僕は無い知恵を絞っていろいろ考える、というようなことを繰り返していた気がします。そういうやりとりを経ても、僕は結局、作品というものをしっかり作れはしなかったんですが、今思うと、その時にものの見方とか、障害というものに対して自分がどう関わるか、その距離のとり方みたいなことを学んでいたんじゃないかと。今の活動に繋がってるのはそこかなと感じています。

清田　林さんの福祉への違和感が、佐藤さんの姿勢への興味に繋がって、今の活動にも繋がっているということでしょうか。

林　そうですね。日常生活の中では、実際、障害者は助けられることが多いし、助けなきゃいけないことも多い。でも二時間のワークショップでは、目の見える人と見えない人の関係性を、目の見える人が見えない人に一方的に何かを教えたり助けたりするだけじゃない、もっと別な、相互にやりとりをする場を目指しています。ワークショップでは必ず、目の見えないスタッフと目の見えるスタッフが二人一組でファシリテーターをやります。目の見える人と見えない人が一緒になって作品を見るんですが、ここでは目の見えない人に、見える人が一方的に説明するということはしません。むしろ「見えている人のほうが説明するっていうこと自体どうなの?」ということを考えたいと思っています。だから見えている人がどんな「見る」を経験しているのか、会話してやり取りをしながら発見していく。見えない人も「テレビを見た」とか「ドラマを見た」とか、「見る」っていう言葉を自然に使うんですね。見えない人にとっての「見る」という経験、鑑賞とか知覚という経験は、そもそもどういう経験なんだろうということも、みんなで話しながら探す。見える人が見えない人に答えを与えるんじゃなくて、答えの周りをみんなでウロウロしながら、ワイワイ話しながら探すプロセス自体が面白いし、いろんな発見があるんじゃないかと思うんです。

清田　私は何度か参加させてもらったんですが、「この絵はこういう絵で」って説明するよりも、自分が受けた感覚を言語化することに重点が置かれているのが面白かったです。またそうやって自分の感覚の世界を、目の見えない人が「これってこういうことですか?」「それって何かこんな感じですね」っていうふうに、さらに広げていく。そうやって、その絵の持つ本質にみんなでだんだん迫っていくような面白さがありました。

林　見える人が見えない人に説明しなければならないという義務感を持ったり、見えない人が「説明を聞こう」と構える場ではありません。そういう関係性や視点をずらしていく。ワークショップでは必ず最初、参加者に、見えていることと見えていないことを言葉にして下さいと伝えています。「見えていること」とは、色とか形とか大きさとか。「見えていないこと」は印象とか解釈とか、言葉にしなければわからないことです。それはつまり説明だけじゃなくて、「あなたが見ているそのままをあなたはどう認識しているか」というふうに、外在化するような行為だと思っています。言葉にしてみると、視覚障害者と健常者の間には隔たりがあるし、共有できないことがあることも明らかになる。いっぽうで見えている人同士でも、同じものを見ているのに同じようには見ていないということがわかる。また、見えている人同士だと省略されていたことが、わざわざ言葉にすることで、自分が見たようなつもりで見えていなかったことがわかったりするんです。

清田　お話を伺っていると、ワークショップの特徴には佐藤さんの影響をかなり感じますね。

林　そうですね、この活動を始める前は、まったく別のイベント会社で働いていたんですが、その頃は佐藤さんのことを忘れていたし、すごく離れている感覚でした。でも自分で立ち上げてこの活動を始めてみたら、我ながらびっくりするくらい佐藤さんのことを思い出すようになって、本も読み返して。「このとき佐藤さんはこういうことに悩んでいたんだ」とか、本に書いてあることが今になってわかる。二〇年前に美学校にいた頃に読んだものと違う本を読んでいるような感じで、今、佐藤さんのことを思い出したりしています。

秦　今のお話の中で「ずらす」っていう単語が出てドキッとしたんですが、佐藤さんも作品を作るとき、しきりに「ずらす」って言っていましたね。

林　そうですね、「転がす」とか。僕はそれが佐藤さんの影響なのかわからないんですが、目的を「ずらす」とか「緩める」っていうのは大事な力加減なんじゃないかなと思っています。「ひっくり返す」とか「覆す」んじゃなくて、ちょっとずらす、ちょっと転がすっていうような、小さな力加減がすごく大事なんじゃないかなと。

清田　ワークショップは、即興のようにやっているのかと思いきや、スタッフは参加者のチーム分けや美術館を回るときの導線まで、かなり綿密に打ち合わせをされていますね。

林　そうですね。事前に、しつこいくらいに計画したり、シミュレーションしたりしています。でも同時に、偶然が起きる余地は必ず残すっていうやり方をするようにしています。

林建太（はやし・けんた）　一九七三年東京都生まれ。映画美学校ドキュメンタリー・コース一期生。「視覚障害者とつくる美術鑑賞ワークショップ」代表。九五年より介護福祉士として身体障害者のサポートに携わる。二〇一二年に「視覚障害者とつくる美術鑑賞ワークショップ」発足。横浜美術館や東京都写真美術館をはじめとした全国の美術館や学校で、視覚障害者と晴眼者が言葉を介して一緒に美術鑑賞をするワークショップを行なう。

佐藤真の視線で――（2）

和島香太郎　〝てんかん〟について対話するラジオ

（映画監督、脚本家。てんかんを聴く「ぽつラジオ」主宰）

自分の現実を、自分のタッチで

清田　和島さんは映画を監督し、脚本も書いておられます。佐藤さんが京都造形芸術大学（現・京都芸術大学）の先生をしていたときの教え子でいらした。

和島　京都造形で佐藤真さんの授業を受けていたということと「佐藤真の弟子」って紹介されることが多いんですが、実は僕はかなり授業をサボっていて、佐藤さんが授業をしている姿は数えるくらいしか記憶にないんです。ただ、結構ピンポイントで印象に残る出来事がありました。大学入学面接試験の時、講師だった林海象さんと佐藤真さん、そしてインスタレーションの河原崎貴光さんというお三方がいらっしゃいました。僕は高校の時につくった自主映画を持っていって、二〇分くらいの限られた時間の中で、その一部をビデオで流しました。そのときの面接担当官が佐藤さんだったんです。ただ僕が二〇〇二年に入学したときには、佐藤さんはたぶんロンドンに留学されていてもういらっしゃらなかった気がします。その後、二年生の後期くらいになってようやくお会いしました。映画の歴史を学ぶために、ドキュメンタリーだけじゃなくて劇映画も含めていろんな映画を観る授業だったんですが、当時僕は「映画をすぐに作りたいのに、なんでこんなに観させられるんだろう」と不満に思っていたんです。また僕は山形県出身なんですが、大学で初めて関西に出て、なかなか環境に馴染めなくて。そんな状態で一人暮らしだったこともあって怠け癖が出て、結構学校をサボっていました。それがたまたま出席した授業でボーッとしていたら、気がついたら佐藤さんが目の前にいたんです。ポケットに手を入れて背中を丸めてこっちをずっと見ながら「和島くんはなんで授業に来ないの？」って。温厚な感じだったんですが顔は怖くて、咄嗟に出たのが「自分の映画を撮っているので来れません」という返事でした。今思えばあり得ない言い訳をしてしまったんですけど、そしたら佐藤さんがすごく喜んでくれて「映画撮ってるの！　そっちのほうが大事だから、僕の授業、認め欠席にしてあげるから言ってね」って。そして「そのかわり、出来たら見せてね」と言われました。それがたぶん、僕が佐藤さんと初めてちゃんと向き合えた瞬間だった気がします。それで、映画をつくった時は佐藤さんにすぐ見せに行きました。それが最初の自主制作の長編映画でした。ただ佐藤さんの反応はイマイチでした。卒業制作の発表まであと残り半年ちょっとしかなくなって、これを再編集するのか、それともまったく新しい映画を作るのかというところでずっと悩んでいました。実は僕はてんかんという障害を一四歳の頃からもっていて、僕の場合は、その大学卒業制作の準備をしている時にすごく大きい発作がありました。その時、病気のことを話していなかった友達の前で発作が起きてびっくりさせてしまって。その後、僕自身も驚かせてしまった罪悪感とか、いろいろな感情で結構悩んでいた時に、発作の時の日常のことがそのままシナリオにドバドバ出てきたんです。そして自分と性別は変わるんですが、主人公の女の子がてんかんを抱えているという設定の映画をつくりました。

清田　当初は全然違う設定だったんですか？

和島　はい。全部変えました。卒業制作の講評会の前日まで撮影して、なんとかギリギリ、ラッシュフィルムを繋いで担当教官だった佐藤さんのところに持っていったんです。企画書とは全然違うものになって、「前のはどうなったの？」と言われたんですが、「やめてこっちにしました」と。「この段階でこんなラッシュのものを持ってきて」って最初すごい顔で怒られたんですが、最後に、「和島はこれまで岩井俊二とか誰かのコピーみたいな映画ばっかり作ってたけど、初めて自分の現実、自分の問題を、自分のタッチでやっているなと思いました」

って言って下さった。僕は、佐藤さんに自分のてんかんのことは言っていないんです。でも佐藤さんの表情を見たら、僕がそういう問題を抱えているっていうことに気づいたんだと思いました。かつ、最初に気づいた人間として、佐藤さんなりの優しさをもって接してくださった気がする。僕はそれまでてんかんのことをあんまり人に言わない方がいいと言われて生きてきて、当時二二歳でしたけど、発症してから八年くらい、基本的には他人に伏せていました。佐藤さんにその作品を見せた時も、怖くてカタカタ歯が音を立てていたのをすごく覚えていま す。だから佐藤さんがそのことに気づいてくれて、認めてくれたっていうことで、そういうものをもっと突き詰めてやってもいいんじゃないかって言っていただいているような気がしたんです。

その後、大学を卒業して佐藤さんが亡くられて、少しずつ佐藤さんから離れて、佐藤さんの記憶が薄まっていっていた時に、運良く商業映画を監督させていただきました。ただ夜遅くまでかかるような現場が体力的にきつくて、その当時の経験で何よりも自分の中で残ったのは、「てんかんっていう障害を抱えながら本当にこういう仕事ってできるんだろうか?」ということで、その問題をどうやって乗り越えるのかが、課題として残りました。

その時、主治医の先生から「とりあえず同じ患者さんに会って話をしてごらん」と提案されたんです。そこで、その言葉をきっかけにして、いろんなてんかん患者の人に会って、その人の生き方に触れながら、いろんな角度で僕が聞いたてんかんにまつわる話をラジオで放送する、てんかんを聴く「ぽつラジオ」っていうインターネットラジオを始めるに至りました。佐藤さんが「今の自分のタッチでやってごらん」って言ってくださったのが残っていて、今の自分なりの現実の問題に対するタッチっていうのは、カメラを向けるんじゃなくて、とりあえず目をつぶって聞くことなのかなという感じがして、それでラジオという形態をとりました。

清田　「ぽつラジオ」は、深々と沁み入るような話もあり、でもほのぼのしたり、ちょっとクスリと笑えたりという日常の中にどういうふうに「てんかん」があるのかを伝えるラジオでした。訥々とした喋りがとても味わい深いです。

和島　てんかん患者と、患者じゃない人も交えて対話をしています。患者たちだけで気持ちを落ち着かせるのもいいんですが、もうちょっと開かれた対話ができる場所としてラジオがある気がして、それはすごく大切なことなのかなと。患者とその恋人、患者とその母親、患者とその人が勤めている会社の上司の方などが一緒に登場しくれて、てんかんについて話をしています。よかったら聴いてみて下さい。

和島香太郎（わじま・こうたろう）一九八三年山形県生まれ。京都造形芸術大学（現・京都芸術大学）映像・舞台芸術学科（現映画学科）で佐藤真に師事。二〇一二年、監督作品『小さなユリと 第一章・夕方の三十分』が、SKIPシティ国際Dシネマ映画祭短編部門で奨励賞受賞。二〇一七年より、ポッドキャストラジオ「ぽつラジオ」を開始。編集作品に、坪田義史監督のドキュメンタリー映画『だって、しょうがないじゃない』。書籍『病と障害と、傍らにあった本。』（里山社）で佐藤真とてんかんについてのエッセイを執筆。二〇二一年秋、監督作『梅切らぬバカ』が公開。

佐藤真の視線で――（3）

岡本和樹「私」の世界の外へ

（映像作家）

「他者性」を意識しながら映像を繋ぐ

清田　岡本和樹さんも、映画美学校で佐藤さんの教え子だったんですよね？

岡本　ドキュメンタリー・コースには初等科と高等科があって、佐藤さんが教えていたのは高等科でした。わたしは初等科に行っていて、その間も「世界のドキュメンタリー」という佐藤さんの授業を受けていました。ただわたしは、高等科に進むと「こんなところはぬるま湯だ！」と感じはじめて、「ぼくは自分の作品をつくる！」と行かなくなってしまいました（笑）。ただその後、『映画監督って何だ！』という、佐藤さんが制作されていた映画監督協会についての作品で前半の撮影にはかなり関わったので、少しは佐藤さんとの直接の交流もあるのですが。

清田　美学校時代の記憶はそんなにはないけれど、もちろん映画もご覧になっているし、本も読んでいる。佐藤さんの影響はその後の作品づくりにも大きいですか？

岡本　簡単に言えば「他者性」、つまり自分自身が「私」という世界の外に出てみようじゃないか、というような試みをやっていて、そういうところで佐藤さんの影響を強く受けていると思います。

清田　学生時代よりも今の方が感じるようになってきた？

岡本　そうかもしれないです。はじめた当時はそんなに意識的には思ってはいなかったのですが。〇七年の一月から八月まで、歌手であり、映画監督でもあるあがた森魚さんが撮った映像を僕が編集して、月刊で映画を発表していくという、「あがた森魚月刊日記映画『もっちょむぱあぷるへいず』」という作品をつくっていました。その時にハンディカムの面白さに気づきました。あがたさんは、美的なセンスはあるにせよ、カメラマンの技術としてはほぼ素人なので、撮られたものは日常の記録の断片なんです。それを「あ、映画になるな」と思いながら編集していきました。その作品を経た後で、一般の人にカメラを渡して撮ってもらった映像をわたしが編集するというプロジェクトを開始します。撮影者はカメラを持ったことで、世界と自分との関係が変わることや、自己と他者との関係だったり、現実に対して自分がどう介在するかという問題を、撮影しながら考えていくことになります。

清田　『隣ざかいの街』もそのようにして撮られた作品ですか？

岡本　はい。撮ることに興味があるという一般の人に来てもらって、参加者がカメラで撮影した映像を僕が編集しました。この時は一〇人くらいいたと思います。

秦　作品は市民がそれぞれ撮ってきた映像を一本にまとめるわけですよね？　すごく難しいことじゃないですか？　撮影者の視点が一〇個あるわけですよね？

岡本　はい。その時に注意したのは、他者性ということに重きを置いているので、わたしの権力ですべてを支配しないことでした。かと言ってまったく支配しなかったら作品にはならないので、その両義性で自分が引き裂かれながらつくるという感じです。

清田　撮影者と相談して編集するわけではないんですね？

岡本　撮影者とは編集について話はしないです。ワークショップ内で編集についても触れて話はしていますが。
秦　できた作品については、撮影者の方々はどういう反応ですか？　こんなつもりじゃなかったみたいなことはないですか？
岡本　そういう反応はむしろなくて、映画っぽくなると「あ、自分たちのような素人が撮ったものでも映画になるんだ」みたいな盛り上がりがありました。ただ、わたしはそういうことで盛り上がってほしくないというか、他者の存在に出逢って感激してほしかったのですが。
清田　今後もそういう方法で作品づくりをされていくご予定ですか？
岡本　その次に『うつろいの木』というタイトルで、一般の人に脚本を書いてもらって、それを自分たちで演じてもらうというスタイルのフィクションをつくりました。いま生きているこの現実とは何か、自分自身が生きていることとは、他人が書いたものを演じるとはどういうことか。その作品も他者性とは何かということを考えてもらうフィクション、というかメタ・ドキュメンタリーのような感じのものです。その後は、場所を埼玉県の川口市から富士見市に移して、『街のフロッタージュ』、そして現在は、わたしがカメラを担当して、参加者には演出に集中してもらった作品『食べること 生きること』を編集しているところです。

岡本和樹（おかもと・かずき）　一般の生活者と共に複眼的に街の姿を捉えた『隣ざかいの街』『うつろいの木』『街のフロッタージュ』『食べること 生きること』を指揮。あがた森魚月刊日記映画『もっちょむぱあぷるへいず』〇七年一月〜八月號、『帰郷―小川紳介と過ごした日々―』を共同監督。演劇実験室 天井棧敷の元劇団員たちを追った『世界の涯て』を監督。現在、大鋸一正脚本のフィクション『〇介』を編集中。

佐藤真の視線で――（4）

小谷忠典「不在」で映画をつくる

（映画監督）

編集マン、秦岳志へのラブコール

秦　小谷さんからある日突然連絡が来て「佐藤さんの作品の編集をした秦さんにお願いしたいとずっと思っていたんです」って言われて、そんな言われ方をされたら断れませんよね(笑)。それで編集をさせていただいたのが、『フリーダ・カーロの遺品』です。小谷さんは佐藤さんの映画はずっと観ていたんですか?

小谷　そうですね。僕は大阪のビジュアルアーツっていう専門学校出身なんですが、当時『SELF AND OTHERS』を観ました。僕の先生が映画監督の高嶺剛さんで、高嶺さんは京都造形大学(現・京都芸術大学)でも教鞭をとられていたので、佐藤さんと交流があって、高嶺さんから佐藤さんの作品を紹介していただきました。僕は二〇代の頃はずっとフィクションの自主映画を何本か作っていたんですけど、フィクションでなかなかうまく出来ないところがあって。

秦　でも、すごく作り込まれているフィクションという評価を受けているように思うんですけど。独自の美意識があるみたいな。

小谷「ぴあフィルムフェスティバル」に出したりしていました。でもパーティなんかに出ても、暗い映画ばっかり作っていたので僕には誰も声を掛けない。

秦　そういう時に佐藤さんの作品に出会ったということですか?

小谷　そうですね。最初に観たのは『SELF AND OTHERS』で、主人公であるはずの牛腸茂雄さんがいないのに、圧倒的な存在感があった。それまでフィクションしか作ってこなかったので、写真とか文章とか残された音声テープといった素材を使ってこんな映画が作れるんだとびっくりしたんですよね。その後、佐藤さんの作品は対峙する感じでずっと観てきました。僕の劇場公開作一本目は、ヤルフドキュメンタリーみたいな作品で、その後『100万回生きたねこ』という絵本作家の佐野洋子さんの作品を撮りました。佐野さんに「映画を作らせてほしい」とお願いした時、佐野さんは当時、末期ガンで、放射線治療で髪の毛も抜けていて「私の顔を撮らなかったら映画を作ってもいいよ」とおっしゃった。それで一年半、佐野さんが亡くなるまで一切カメラを回さずに佐野さんのお家に通って、レコーダーで声を撮り続けました。その声をもとに映画を作ったんですが、被写体が途中でいなくなってしまうということを体験しました。

三作目に作ったのが、秦さんと作った『フリーダ・カーロの遺品』という映画です。これは写真家の石内都さんを撮りたいと思って石内さんにお願いに行ったら、メキシコでフリーダ・カーロという画家の遺品を撮るプロジェクトがあるからそれをやりますか? とお話をいただいたんです。フリーダというメキシコを代表する女性画家で、彼女はもちろん故人なんですが、三〇〇点くらいある遺品を撮って映画を作りました。そういった意味では佐藤さんのテーマである「不在」や写真というものを、狙ったわけじゃないんですが、結果的に同じようなテーマを追っているんじゃないかなということは勝手に思っています。

清田　秦さんと一緒にお仕事をしながら、そこに佐藤さんの存在を見るみたいなことってありますか?

小谷　秦さんのことをよく知っている人はわかると思うんですけど、主夫業みたいなこともされながら、編集されているんです。だから娘さんを背中でおんぶしている状態で、僕に意見を求めるっていう。「この状況は何だろう」と思いながらやってました（笑）。そういう日常とともにある感じとか、会話の隙間に佐藤さんの話がポロポロッと出たり。秦さんは、佐藤さんが繋げてくださったご縁だなと思っていて。秦さんが引き受けてくださった時は本当に嬉しかったですし、ご一緒できて誇りに思っています。

小谷忠典（こたに・ただすけ）　一九七七年大阪市出身。ビジュアルアーツ専門学校・大阪で映画制作を学ぶ。主な監督作品に『100万回生きたねこ』『フリーダ・カーロの遺品 石内都、織るように』『たまらん坂』など。

佐藤真の視線で――（5）

川上拓也　録音、編集、整音で映画と関わる

（録音、編集）

録音技師、菊池信之に憧れて

清田　『阿賀に生きる』の撮影をされた小林茂さんが監督した『風の波紋』の録音をされている、川上拓也さんです。本作では秦さんが編集とプロデューサーを担当されていますね。

秦　はい。菊池信之さんという録音の大御所の方がいるんですが、『風の波紋』は菊池さんにお願いすることになっていて、川上くんが菊池さんの録音にすごく興味を持っていたので、声を掛けました。

清田　もともと映画の現場にいらしたわけではなかったんですか？

川上　はい。機械を作るエンジニアをやっていたんですが、二五歳くらいで会社を辞めて、これから何をやっていこうかなぁと考えていろいろ本を読んだり映画を観たりしていました。その時に、佐藤真さんの著作と『阿賀の記憶』と『SELF AND OTHERS』を観て、「あ、これを一生やりたい」と思って映画美学校に入ったんです。二〇一〇年で、佐藤さんはもう亡くなられていました。その頃、佐藤さんについて自分の中でスパークしていて、ツイッターにやたらと「佐藤真」と書き込んでいたのを秦さんに見つかったという感じです（笑）。

清田　二〇一〇年って、リバイバル上映があったわけでもない時期ですよね。

川上　二〇一〇年ごろ「佐藤真」で検索するとたぶん僕のツイートがほとんどです（笑）。

清田　佐藤さんの生前は映画は観ていなかったですか？

川上　大学生の時に『阿賀に生きる』だけ観ていました。でもすみません、あんまり当時の記憶はなくて（笑）。

清田　じわじわとくる映画ですよね。映画美学校ではドキュメンタリーを学んだんですか？

川上　ドキュメンタリー・コースの主任が筒井武文さんで、筒井さんが撮ってきた映像を観て、編集講評をするという初等科だけ出ました。

秦　映画美学校の講師は、筒井さんが、佐藤さんのあと、同じ枠組みを受け継がれましたね。

川上　美学校を出た後は、NHKのドキュメンタリー番組を主に作っているポストプロダクションの会社で編集マンをしていました。ただちょうどその仕事を始めたくらいの時期に小林茂さんの『風の波紋』の現場に録音で呼んでいただくようになったら、そっちが面白くなってしまって、また会社を辞めてしまいました（笑）。
清田　ではその時が録音の仕事は初めて？
川上　そうですね。ほとんど経験なかったです。
秦　ただ、川上さんはもともと音にすごく興味があったんですよね。
川上　菊池さんが録音技師として仕事をされていた青山真治監督の映画を中学生くらいの時から観ていて「菊池信之という人はすごい」と思っていたので。
清田　菊池さんの録音のどういうところに反応されたんでしょう？
川上　画で映っているものとは別の時空間が音でつくられるということを、たぶん九〇年代に主にやっていた音響技師って菊池さんくらいしかいないんじゃないかなと思っています。
秦　そうですよ。普通そんなことしない（笑）。
清田　秦さんは編集マンとして菊池さんと一緒にお仕事をされて、そういう菊池さんらしいお仕事ぶりは感じましたか？
秦　特に『阿賀の記憶』の菊池さんのお仕事を鮮烈に覚えています。『阿賀の記憶』は音の映画だと言っても過言ではない。『阿賀の記憶』は第一義的には小林茂さんの映画だと思っているんですが、同時に菊池さんの映画でもあって、編集作業がひと段落して音の作業を始めてから、映画がどんどん変わっていった印象があります。菊池さんがいろんな提案をして、いろんな音を持ってきたり議論したりするなかで、画と音がまったくシンクロしていないわけじゃなくて、ちゃんと機能しながら構成されているんですが、また違う時空ができている。それが映画なんだっていうことを初めて認識しました。でもそういう部分が、川上さんには伝わっていたということですよね。川上さんは、佐藤真監督の仕事という視点ではどういう部分に惹かれたんですか？
川上　長い時間軸で社会というものを考え続ける姿勢にすごく惹かれました。当時、マスメディアが駄目だなということを一人でずっと悶々と考えていて、報道を見て一人で「そうじゃないんだ」ってずっと怒っていたんですが、佐藤さんの本がいちばん自分の考えていたこととシンクロしたんです。「あ、すげえ。既にやっちゃってる人がいる」と。でももう亡くなった後だったんですが。
清田　映画だと『阿賀の記憶』がいちばん強烈な印象でしたか。
川上　そうですね。それと『ＳＥＬＦ ＡＮＤ ＯＴＨＥ

RS』です。視聴覚表現としてすごいことをやっているっていう感じで最初は惹かれました。アヴァンギャルドに近い映画として観ていたんですね。

秦　かと言って、そういう映画を自分で志向して作るというわけでもないんですよね。

川上　監督じゃないので、監督のご意向に従います。でも最近は編集もやらせてもらったりしています。その編集作業中に常に考えながら仕事をさせてもらっています。

秦『台湾萬歳』は取材も録音で現場にいたそうですね。

川上　トータル一〇〇日くらいの撮影で、録音と編集と整音をやらせてもらいました。全然意識していないんですが、これを観てくださった何人かの方々から「カサマフィルムっぽいところが良いね」と言われました。

秦　撮影は松根広隆さんという『風の波紋』も撮られた方で、酒井充子監督も、小林茂さんの『わたしの季節』にスタッフとして参加された方ですね。

清田　録音と編集と整音、そういう関わり方される方ってあまりいないですよね。

川上　あまりいないですが、フレデリック・ワイズマンがやってるんです。

清田　なるほど！　佐藤さんが聞いたらすごく喜ばれそうですね。

秦　本当にそう思います。いや、会わせたかった。

川上拓也（かわかみ・たくや）　フリーランスの録音・編集。録音担当作に小林茂監督『風の波紋』、戸田ひかる監督『My Love（日本篇）』など。整音担当作に小森はるか監督『息の跡』、島田隆一監督『春を告げる町』、松林要樹監督『オキナワ サントス』など。録音・編集作に酒井充子監督『台湾萬歳』など。作り手によるドキュメンタリー雑誌『f／22』編集委員。

秦 岳志（はた・たけし）　一九七三年東京都生まれ。BOX東中野、劇団解体社制作を経て、ドキュメンタリー映画編集者に。佐藤真、小林茂、土井敏邦、ジャン・ユンカーマン、小森はるか、戸田ひかる、原一男作品などの編集を手がける。佐藤真作品は『花子』『阿賀の記憶』『エドワード・サイード OUT OF PLACE』。近作に『水俣曼荼羅』『東京クルド』『My Love（日本篇）』など。

特集上映「佐藤真の不在を見つめて」の関連イベントは次のとおりです。
本書はこの中から一部のトークを再録させていただきました
（但し、『現代アートハウス入門』はこれらとは関連しない、独立したプログラムです）。
（※氏名は主に登壇順）

特集上映「佐藤真の不在を見つめて」

二〇一六年三月二四日〜二六日　会場：アテネ・フランセ文化センター（東京・御茶ノ水）
登壇者：旗野秀人、舩橋 淳、加瀬澤 充、椹木野衣、秦 岳志、山本草介、森 達也、代島治彦、畠山容平、保坂和志、森 まゆみ、小林 茂、諏訪敦彦、深田晃司、想田和弘、清田麻衣子
主催：佐藤真の映画を観る会　協力：アテネ・フランセ文化センター、株式会社シグロ

二〇一六年四月二九日〜五月三日　会場：神戸映画資料館（兵庫・神戸）
登壇者：山根貞男、秦 岳志、吉野大地、清田麻衣子
主催：神戸映画資料館、佐藤真の映画を観る会

二〇一六年五月二八日〜六月三日　会場：立誠シネマプロジェクト（京都）
（企画：木村 光）
登壇者：旗野秀人、村川拓也、今野裕一郎、八角聡仁、北小路隆志、清田麻衣子
主催：立誠シネマプロジェクト、佐藤真の映画を観る会

二〇一六年一〇月八日〜一四日　会場：横浜シネマリン（神奈川・横浜）
登壇者：山田太一、神谷丹路、諏訪敦彦、小林 茂、山本草介、清田麻衣子
主催：横浜シネマリン　協力：佐藤真の映画を観る会、里山社

二〇一六年一一月一九日〜二五日　会場：フォーラム福島（福島）
（企画：東北映像記録者の集い）
登壇者：赤坂憲雄、旗野秀人、細馬宏通、小林知華子、阿部泰宏、渡部義弘、小森はるか、清田麻衣子
主催：フォーラム福島、東北映像記録者の集い、里山社

関連企画『阿賀に生きる』上映 ＋ てつがくカフェ

二〇一六年一一月二七日　会場：朝日座（福島・南相馬）
登壇者：辻 明典、小森はるか
主催：朝日座を楽しむ会、てつがくカフェ＠南相馬、小森はるか

『日常と不在を見つめて』刊行記念

トークショー

二〇一六年四月四日　会場：青山ブックセンター本店（東京・青山）
登壇者：平田オリザ、清田麻衣子
主催：青山ブックセンター、里山社

『まひるのほし』上映会 ＋ トークショー

二〇一六年五月五日　会場：古本ブックエンド2号店（富山・総曲輪）
登壇者：清田麻衣子、松岡 等（北陸中日新聞記者）
主催：古本ブックエンド

『SELF AND OTHERS』上映会 ＋ トークショー

二〇一六年七月二日　会場：青山ブックセンター本店（東京・青山）
登壇者：飯沢耕太郎、清田麻衣子
主催：青山ブックセンター、里山社

『阿賀に生きる』上映会 ＋ トークショー

二〇一六年七月一六日　会場：ビリヤード山崎（東京・西荻窪）
登壇者：加藤典洋、清田麻衣子
主催：西荻ブックマーク、里山社

『阿賀に生きる』『水俣ビデオQ&A』上映会 ＋ トークショー

二〇一六年八月二〇日　会場：西南学院大学（福岡・西新）
登壇者：池澤夏樹、旗野秀人、永野三智、清田麻衣子
主催：西南学院大学ことばの力養成講座（田村元彦准教授）、佐藤真の映画を観る会

映画監督・佐藤真と新潟と「阿賀に生きる」25th Memorial

特集上映「佐藤真が遺したもの」
二〇一七年九月二三日〜一〇月六日　会場：新潟・市民映画館シネ・ウインド（新潟）
登壇者：神谷丹路、石田優子、小森はるか、旗野秀人、飯沢耕太郎、経麻朗、小川弘幸、近守、小林茂、山崎修、村井勇、椹木野衣、井上経久、清田麻衣子
主催：新潟と会

関連企画「阿賀に生きる」メモリアルコンサート　経麻朗「映画音楽の世界」
二〇一七年九月一二日　会場：りゅーとぴあ スタジオA（新潟）
出演：経麻朗、奥村和雄、庄司愛、佐々木友子、渋谷陽子、江口鮎美、倉澤桃子、柳本幸子、小林浩子、中津川英子
主催：新潟と会

関連企画「映画監督・佐藤真の新潟—反転するドキュメンタリー」
二〇一七年九月一五日〜一〇月一五日　会場：砂丘館（新潟）
飯沢耕太郎、三浦和人、椹木野衣、大倉宏、清田麻衣子
主催：砂丘館　協力：新潟と会

山形国際ドキュメンタリー映画祭2017特別企画
「あれから一〇年：今、佐藤真が拓く未来」
（コーディネーター：秦 岳志、桝谷秀一、小林 茂、長倉徳生）
二〇一七年一〇月六日〜一〇日　会場：山形美術館、ＫＵＧＵＲＵ（とんがりビル1F・山形）
登壇者：平岩史行、和島香太郎、今野裕一郎、小谷忠典、小森はるか、旗野秀人、小林 茂、
桝谷秀一、倉田 剛、マーク・ノーネス、秋山珠子、川崎那恵、岡本和樹、我妻和樹、
川上拓也、石田優子、小林知華子、小田 香、林 建太、秦 岳志、清田麻衣子

関連企画「ドキュメンタリー演劇『エヴェレットゴーストラインズ Ver.B「顔」山形特別版』」
二〇一七年一〇月八日　会場：ＫＵＧＵＲＵ（とんがりビル1F・山形）
演出：村川拓也
出演：川端安里人、岡本和樹、飯岡幸子、松久朋加、加瀬澤 充、木村 光、村川拓也
主催：山形国際ドキュメンタリー映画祭事務局

連続講座「現代アートハウス入門 ネオ・クラシックをめぐる七夜」
第六夜『阿賀に生きる』上映＋トーク
二〇二一年二月四日　会場：全国一八の映画館でオンライン開催
登壇者：小森はるか、清田麻衣子
企画・運営：東風　企画協力：ユーロスペース

佐藤真の不在との対話

見えない世界を撮ろうとした
ドキュメンタリー映画作家のこと

二〇二一年一〇月二六日　初版発行

編　集　里山社
協　力　佐藤真の映画を観る会　神谷丹路
編集協力　飯岡幸子　石田優子　小田鮎子　小森はるか　佐藤睦
佐藤澪　佐藤萌　田代一倫　西晶子（リガード）
秦岳志　沼田梓　山本草介　和島香太郎　（五〇音順）
装　丁　渋井史生
表紙・扉写真　田代一倫
発行者　清田麻衣子
発行所　里山社
〒二一四－〇〇一一　神奈川県川崎市多摩区枡形一－二一－三－二〇二
電話：〇四四－七一二－四一〇〇　ＦＡＸ：〇四四－七一二－四一〇四
http://www.satoyamasha.com/
印刷・製本　モリモト印刷株式会社

Printed in Japan　ISBN 978-4-907497-15-6 C0074